Barbara Brüning

Achtsamkeit und Demokratiebildung

Klassen 5–10

Cornelsen

Die Autorin:
Barbara Brüning war Professorin an der Universität Hamburg mit den Schwerpunkten Didaktik des Ethik- und Philosophieunterrichts sowie Philosophieren mit Kindern. Die Autorin hat zahlreiche Sach- und Lehrbücher im Bereich Ethikunterricht und ethische Erziehung veröffentlicht.

Projektleitung: Dorothee Weylandt, Berlin
Redaktion: Doreen Wilke, Berlin
Umschlaggestaltung: Corinna Babylon, Berlin
Umschlagbild Profile: stock.adobe.comAndreas
Layout: krauß-verlagsservice, Ederheim/Hürnheim
Technische Umsetzung: Compuscript Ireland and Chennai

www.cornelsen.de

1. Auflage 2024

Druck: H. Heenemann, Berlin

ISBN 978-3-589-16975-7

PEFC/04-31-1156

PEFC zertifiziert
Dieses Produkt stammt aus nachhaltig bewirtschafteten Wäldern und kontrollierten Quellen.
www.pefc.de

Inhalt

Vorwort 6

Klassen 5/6 7

WIE ICH MICH SELBST SEHE 7

HINWEISE FÜR LEHRKRÄFTE 7

- **KV 1:** Was mir mein Spiegelbild zeigt 9
- **KV 2:** Menschen sind Augenwesen 10
- **KV 3:** Gesichtssprichwörter finden 11
- **KV 4:** Nach innen schauen 12
- **KV 5:** Meine Stärken und Schwächen 13
- **KV 6:** **Weiterdenken:** Wie wäre die Welt ohne mich? 14
- **KV 7:** **Spielvorschlag:** Sich im Dunkeln orientieren 15
- **KV 8:** **Spielvorschlag:** Anderen blind vertrauen 16

ICH UND DIE ANDEREN 17

HINWEISE FÜR LEHRKRÄFTE 17

- **KV 9:** Was fällt mir an anderen Menschen auf? 19
- **KV 10:** Was andere denken und fühlen 20
- **KV 11:** Fakten klären und selber denken 21
- **KV 12:** Regeln einhalten 22
- **KV 13:** Tolerant sein 23
- **KV 14:** **Weiterdenken:** Einander wertschätzen 24
- **KV 15:** **Ausprobieren:** Aus verschiedenen Perspektiven denken 25
- **KV 16:** **Spielvorschlag:** Selbst ein Spiel mit Regeln erfinden 26

WIR UND DIE NATUR 27

HINWEISE FÜR LEHRKRÄFTE 27

- **KV 17:** **Weiterdenken:** Natur und Kultur 29
- **KV 18:** Schöne Natur 30
- **KV 19:** Das sind doch nur Steine! 32
- **KV 20:** **Weiterdenken:** Löwenzahnpracht 33
- **KV 21:** Für immer verloren – die biologische Vielfalt 34
- **KV 22:** Lilly – das Zirkuspferd 35
- **KV 23:** Wie viel Erde braucht der Mensch? 36

KV 24: Naturgeräusche erkennen ... 37
NACHDENKEN ÜBER DIE EINE WELT ... 38
HINWEISE FÜR LEHRKRÄFTE ... 38
KV 25: Eine Welt für alle ... 40
KV 26: Staunen als Ursprung unseres Wissens ... 41
KV 27: Fragen stellen – Ungewohntes erforschen ... 42
KV 28: Was für Kinder in anderen Ländern wichtig ist ... 43
KV 29: Was heißt Menschenwürde? ... 44
KV 30: **Weiterdenken:** Gerecht handeln – Fair Trade ... 45
KV 31: Reiseerfahrungen in anderen Ländern ... 46
KV 32: Wir sind international ... 47

II Klassen 7–10 ... 48
SELBSTBILD UND FREMDBILD ... 48
HINWEISE FÜR LEHRKRÄFTE ... 48
KV 33: Mein Selbstbild ... 50
KV 34: Durch eine andere Brille schauen ... 51
KV 35: **Weiterdenken:** Fragen zum Ich ... 52
KV 36: Darf ich mich selbst in den Vordergrund stellen? ... 53
KV 37: Eigenschaften, die ich schätze ... 54
KV 38: Genau hinschauen ... 55
KV 39: **Weiterdenken:** Achtsamkeit ... 56
KV 40: **Weiterdenken:** Meine Zukunft ... 57
ACHTSAMKEIT LEBEN ... 58
HINWEISE FÜR LEHRKRÄFTE ... 58
KV 41: Ich – du – wir ... 60
KV 42: **Weiterdenken:** Die Welt wahrnehmen ... 61
KV 43: Gut zusammenleben ... 62
KV 44: Der Wert eines Menschen ... 63
KV 45: **Spielvorschlag:** Andere wertschätzen ... 64
KV 46: „Abgewertet“ ... 65
KV 47: Lügen verboten? ... 66
KV 48: **Spielvorschlag:** Wertschätzen oder geringschätzen – ein Kärtchen-Spiel ... 67

NATUR SPÜREN ... 68

HINWEISE FÜR LEHRKRÄFTE ... 68

KV 49: Im Wald ... 70

KV 50: **Weiterdenken:** Landschaften ... 71

KV 51: Natur gestalten ... 72

KV 52: **Weiterdenken:** Die Welt der Pflanzen ... 73

KV 53: Zweierlei Tiere ... 74

KV 54: Nachhaltig leben ... 75

KV 55: Die 17 Nachhaltigkeitsziele der UN ... 76

KV 56: Die gleißende Welt ... 78

KULTUREN BEGEGNEN ... 79

HINWEISE FÜR LEHRKRÄFTE ... 79

KV 57: Kulturelle Rätsel ... 81

KV 58: **Weiterdenken:** Kultur als Grundlage der Zusammenarbeit ... 82

KV 59: Die größten kulturellen Errungenschaften der Menschheit ... 83

KV 60: **Weiterdenken:** Warum der Mensch ein kulturelles Wesen ist ... 84

KV 61: Vorwärts träumen ... 85

KV 62: Kulturelle Identität bewahren ... 86

KV 63: Sind alle Kulturen gleich viel wert? ... 87

KV 64: **Spielvorschlag:** In eine andere Haut schlüpfen ... 88

Vorwort

Liebe Lehrerinnen und Lehrer,

Achtsamkeit spielt in der öffentlichen Diskussion zunehmend eine wichtige Rolle. Ursprünglich kommt der Begriff aus dem Buddhismus und wird dort als eine Haltung beschrieben, bei der die Aufmerksamkeit im Sinne von Wahrnehmung und Wertschätzung bewusst auf den aktuellen Moment gelenkt wird. Der Mensch soll eine offene und akzeptierende Grundhaltung gegenüber seinen eigenen Erfahrungen, Gedanken und Gefühlen entwickeln, um ein gutes Leben zu führen. Und genau hier setzt unser Themenheft an: Die akzeptierende Grundhaltung betrifft nicht nur uns selbst, sondern auch unsere Mitmenschen, die Natur als unsere Mitwelt und die kulturelle Weltgemeinschaft insgesamt, wie es der israelische Historiker Yuval Noah Harari beschreibt (KV 58): Respekt und Wertschätzung für uns und andere.

Das Themenheft unterbreitet im ersten Teil Vorschläge für die Klassen 5/6, gegliedert in vier Kapitel: *Wie ich mich selbst sehe*, *Ich und die anderen*, *Wir und die Natur* sowie *Nachdenken über die Eine Welt*. Diese Gliederung wird bei den Anregungen für die Klassen 7–10 fortgesetzt, allerdings auf einem komplexeren Niveau. Wir präsentieren zu allen vier Themenkreisen kurze Fachtexte, Diskussionsanregungen mit der Formulierung „Wir philosophieren", Denkanstöße zum Perspektivwechsel sowie (Wahrnehmungs)Übungen und Spiele. Dadurch wird ein ganzheitlicher Zugang zur Welt ermöglicht, der sowohl auf Sinnlichkeit als auch auf Dialog und Rationalität setzt.

Die Demokratiebildung erfolgt nicht nur durch die thematische Grundlage des Umgangs mit Natur, Kultur und Gemeinschaften, sondern auch durch die Aufgabenstellungen und Methoden: Wir regen die Schülerinnen und Schüler dazu an, sich in andere Menschen hineinzuversetzen und die Welt mit ihren Augen zu sehen, damit sie durch den Perspektivwechsel ein besseres Verständnis für ungewohnte Gedanken und Gefühle entwickeln können. Wir stellen auch Konzepte vor, wertschätzendes Verhalten einzuüben, das die Basis für den Zusammenhalt in Gemeinschaften wie Schule und Familie bildet, aber auch für das Miteinander in der Gesellschaft und im Sinne Yuval Noah Hararis für die „kulturelle Weltgemeinschaft".

Ob Sie der chronologischen Kapitel-Reihenfolge des Themenheftes folgen oder in Abhängigkeit von den Interessen Ihrer Lerngruppe thematische Schwerpunkte setzen, hängt von Ihren inhaltlichen und didaktischen Unterrichtsüberlegungen ab. Sie können alle Kopiervorlagen ohne Vorkenntnisse einsetzen, und zwar in den Fächern Ethik/Philosophie, Religion, Politik, Geschichte und Deutsch. In den „Hinweisen für Lehrkräfte" gibt es auch Anregungen für eine fächerverbindende Zusammenarbeit.

Wir wünschen Ihnen und Ihren Schülerinnen und Schülern gutes Gelingen beim Wahrnehmen, Nachdenken, Experimentieren und Mitfühlen. Beachten Sie dabei den Ratschlag des Philosophen Immanuel Kant (1724–1804), dass uns die Erfahrung lehrt, dass alles auf der Welt, wie es jetzt ist, morgen auch ganz anders sein könnte.

Barbara Brüning und der Cornelsen Verlag
Frühjahr 2024

I | Wie ich mich selbst sehe (Klassen 5/6)

HINWEISE FÜR LEHRKRÄFTE

Im ersten Teil geht es um die Wahrnehmung der eigenen Identität: Wie sehe ich aus? Was kann ich? Was ist mir wichtig? Als wesentliche Methoden fungieren die Sinne: zunächst der visuelle Sinn **(KV 1–3)**, danach der innere Sinn nach John Locke, der sich auf die Wahrnehmung der eigenen Gedanken, Gefühle und Fähigkeiten bezieht **(KV 4–6)**, und zum Schluss werden der Hör- und Tastsinn trainiert **(KV 7 und 8)**.

KV 1: Die Wahrnehmung des eigenen Ichs beginnt mit dem Blick in den Spiegel: Wie nehme ich mich selbst wahr? Die Schülerinnen und Schüler notieren dazu im abgebildeten Spiegel Stichworte. Da zur Identität aber auch die Sicht der anderen gehört, werden die Beobachtungen zu zweit besprochen. Danach werden diejenigen Wahrnehmungen, die von den anderen kommen, in einer anderen Farbe im Spiegel ergänzt. Zum Abschluss wird darüber diskutiert, warum sich Selbst- und Fremdbild unterscheiden können.

KV 2: Nach Ansicht des griechischen Philosophen Epikur (341–270 v. Chr.) sind die Menschen in erster Linie Augenwesen, d. h., für ihn war der visuelle Sinn der wichtigste der fünf Sinne, um sich in der Welt zu orientieren. Die Jugendlichen suchen zunächst nach Wörtern, die zum Ausdruck bringen, dass der Mensch ein Augenwesen ist. Anschließend trainieren sie verschiedene Blicke, die dazu dienen, die Welt bewusst wahrzunehmen. Das Leben und Wirken von Epikur sollte, vielleicht auch in Zusammenarbeit mit dem Ethik-/Philosophieunterricht, in einem Kurzreferat vorgestellt werden.

KV 3: Die Seite setzt die Beschäftigung mit dem visuellen Sinn fort. Die Schülerinnen und Schüler suchen nach Gesichtssprichwörtern und erklären deren Bedeutung. Diese Aufgabe könnte auch in fächerverbindender Zusammenarbeit mit dem Deutschunterricht erfolgen.

KV 4: Der englische Philosoph John Locke (1632–1704) hat zwischen äußerer und innerer Wahrnehmung unterschieden. Die Schülerinnen und Schüler sollen auf der Seite je eine äußere und innere Wahrnehmung ergänzen; hier könnte die Lehrkraft Anregungen geben: z. B. die Aufmerksamkeit auf Naturerscheinungen (äußere Wahrnehmung) oder körperliche Reaktionen wie Herzklopfen (innere Wahrnehmung) richten. Anschließend probieren die Jugendlichen die innere Wahrnehmung selbst aus, d. h., sie sehen und hören „in sich hinein“ und schreiben die wahrgenommenen Gedanken und Gefühle in das Herz. Abschließend wird darüber diskutiert, ob es schwieriger ist, nach innen zu schauen als nach außen. Über den französischen Autor Antoine de Saint-Exupéry (1900–1944) können sich die Schülerinnen und Schüler ein Video anschauen. Von ihm stammt die Erzählung „Der kleine Prinz“ mit dem Gedanken, dass man nur mit dem Herzen gut sieht. Eine fächerverbindende Zusammenarbeit mit dem Deutschunterricht könnte auch zu diesem Thema erfolgen.

KV 5: Auf diesem Arbeitsblatt sollen die Schülerinnen und Schüler in einem Gittergedicht über ihre Stärken und Schwächen nachdenken. Das Gedicht sollte dann mit Fotos ergänzt werden. Anschließend werden die Selbstporträts in der Klasse laut vorgelesen. Wer richtig erraten hat, wer gemeint ist, darf das nächste Porträt präsentieren. Die Lehrkraft sollte darauf achten, dass alle Porträts auch vorgestellt werden. Zum Schluss wird darüber philosophiert, woran die Jugendlichen erkannt haben, wer gemeint ist.

KV 6: Diese KV ist für stärkere Schülerinnen und Schüler gedacht, weil die Antwort auf die Frage, was die Welt ohne mich wäre, ein hohes Abstraktionsvermögen erfordert. Das Gedicht sollte zunächst in der Klasse laut vorgelesen und gedeutet werden. Danach könnten als „Hilfestellung" an der Tafel oder dem Whiteboard einige Aspekte zu der Frage gesammelt werden, wie die Welt wohl ohne einen selbst wäre, zum Beispiel:

Dann könnte ich meine Stärken und Schwächen nicht mit anderen teilen.
Dann würde sich niemand dafür interessieren, was ich fühle und denke.
Dann würde jemand auf der Welt fehlen.

Diejenigen, denen selbst nichts einfällt, könnten sich auf diese Aspekte stützen und dafür eine Begründung aufschreiben. Abschließend denken die Jugendlichen gemeinsam darüber nach, warum der Name für die Einzigartigkeit eines Menschen wichtig ist. Hier bietet sich auch ein Bezug auf die „Konvention über die Rechte des Kindes" der Vereinten Nationen in Verbindung mit den Fächern Ethik/Religion und Geschichte an. Artikel 7 besagt, dass jedes Kind ein Recht auf einen Namen und eine Staatsbürgerschaft hat. Die Schülerinnen und Schüler suchen Gründe dafür, warum das so ist.

KV 7: Bei diesem Spiel nach Jean-Jaques Rousseau (1712–1778) werden insbesondere der Hör- und der Tastsinn trainiert. Die Schülerinnen und Schüler sollten, nachdem sie sich zuvor mit verschiedenen Geräuschen beschäftigt haben, in einem im Vorfeld von einem Schüler oder einer Schülerin erarbeiteten Kurzreferat etwas über Rousseau erfahren. Über Rousseaus gesellschaftspolitische Ansichten können die Jugendlichen in dem Buch „Nachgefragt Philosophie" von Christine Schulz-Reiss auf den Seiten 88–90 nachlesen (Loewe Verlag Bindlach 2005 – das Buch gibt es auch in Form von CDs).

KV 8: Auch bei diesem Spiel werden der Hör- und der Tastsinn geschärft, allerdings im Zusammenhang mit der Fähigkeit, einander zu vertrauen. Wenn mich jemand mit verbundenen Augen durch meine Umgebung führt, dann muss ich ihm oder ihr vertrauen können. Die Schülerinnen und Schüler sollen darüber nachdenken, was Vertrauen für sie bedeutet und wie es sich entwickeln kann. Da Vertrauen ein wichtiger Bestandteil von Demokratiebildung ist, bietet dieses Spiel eine gute Überleitung zum zweiten Kapitel, in dem es um demokratische Verhaltensweisen geht.

Was mir mein Spiegelbild zeigt

© Shutterstock.com/777 Bond vector

1. Schreibe in Stichworten in den Spiegel oben, was du an dir besonders schätzt, wenn du in den Spiegel schaust. Lass ein wenig Platz für mögliche Ergänzungen.
2. Lest euch zu zweit eure Spiegel-Eigenschaften vor. Besprecht gemeinsam, was beim jeweils anderen noch fehlt, und schreibt es ebenfalls in den Spiegel. Verwendet dazu eine andere Farbe.
3. *Wir philosophieren:* Überlegt in der Klasse, warum andere Menschen euch manchmal anders sehen und einschätzen als ihr selbst.

Menschen sind Augenwesen

Der griechische Philosoph Epikur (341–270 v. Chr.) hat sich bereits vor über 2000 Jahren damit beschäftigt, wie Menschen die Welt wahrnehmen. Nach seiner Ansicht bestimmt der Gesichtssinn weitgehend, was wir über die Welt wissen. Er regte an, dass die Menschen insbesondere ihre Blicke trainieren sollten, denn er hielt sie in erster Linie für Augenwesen. Dies käme vor allem auch in der Sprache zum Ausdruck.

© Shutterstock.com/ivector

Blicke trainieren

Freundlich schauen

Undurchdringlich schauen

Böse schauen

____

____

1. Schreibe in das Auge Wörter, die zum Ausdruck bringen, dass der Mensch ein Augenwesen ist. Vergleicht eure Ergebnisse in der Klasse.
2. Schreibe noch zwei Arten von Blicken auf. Trainiere sie anschließend mit deinem Nachbarn oder deiner Nachbarin. Wertet eure Erfahrungen in der Klasse aus: Welcher Blick war für euch besonders schwierig?
3. *Wir philosophieren:* Erklärt mündlich Epikurs Gedanken, dass die Menschen Augenwesen sind. Recherchiert über den griechischen Philosophen im Netz und gestaltet über sein Leben und seine wichtigsten Gedanken eine digitale Präsentation.

Gesichtssprichwörter und -redewendungen finden

Jemand will sein Gesicht wahren.

Manche Menschen haben zwei Gesichter.

Ein freundliches Gesicht ist die halbe Miete.

Das Gesicht erkennst du im Licht, den Charakter im Dunkeln.

Es gibt auch Menschen, die kein Gesicht haben.

Jemand macht ein langes Gesicht.

1. Suche zwei weitere Gesichtssprichwörter oder -redewendungen und schreibe sie oben auf die Zeilen. Lest eure Sprichwörter und Redewendungen anschließend in der Klasse laut vor.
2. Suche dir ein Sprichwort / eine Redewendung aus und gestalte in dem Rahmen das entsprechende Gesicht dazu. Erratet zu zweit, welche Sprichwörter/Redewendungen der oder die andere gestaltet hat.
3. *Wir philosophieren:* Erklärt in der Klasse, was die Sprichwörter/Redewendungen bedeuten.

Nach innen schauen

Der englische Philosoph John Locke (1632–1704) hat herausgefunden, dass wir Menschen auf zweierlei Arten wahrnehmen: nach außen und nach innen.

Äußere Wahrnehmung
(was in der Umwelt passiert)

- Gegenstände, z. B. ein Smartphone
- Menschen, z. B. deine Mitschülerinnen und Mitschüler

Innere Wahrnehmung
(was in dir selbst passiert)

- Gefühle, z. B. Angst
- Gedanken, z. B. eine rote Sonne

In der Geschichte „Der kleine Prinz" des französischen Autors Antoine de Saint-Exupéry (1900–1944) sagt der kleine Prinz zu einem Fuchs: „Man sieht nur mit dem Herzen gut."

Antoine de Saint-Exupéry: Der kleine Prinz, übersetzt von Grete und Josef Leitgeb. Düsseldorf: Karl Rauch Verlag 1952, (51. Auflage 1997), S. 65.

© stock.adobe.comaffif

1. Ergänze oben je eine äußere und innere Wahrnehmung. Vergleicht eure Ergebnisse zu zweit.
2. Schließe jetzt deine Augen. Sieh und höre ganz tief in dich hinein. Was nimmst du wahr? Schreibe es in Stichworten in das Herz hinein. Orientiere dich dabei an der inneren Wahrnehmung von John Locke. Sprecht anschließend in der Klasse darüber.
3. *Wir philosophieren:* Nach innen zu schauen ist schwieriger als nach außen. Stimmt ihr zu? Begründet euren Standpunkt.
4. Über den kleinen Prinzen könnt ihr euch das folgende Video anschauen: https://www.youtube.com/watch?v=YbYdcsmBgfA

Meine Stärken und Schwächen

Ein Gittergedicht über mich

Ich habe ____________________ Augen

und ____________________ Haare

und ____________________.

Mal bin ich ____________________

und dann wieder ____________________

und manchmal sogar ____________________.

Ich kann gut ____________________

und nicht so gut ____________________

und ____________________.

Ganz besonders wichtig sind für mich

____

____

____

____

____.

Schon gewusst? Stärken und Schwächen

Wenn wir von Stärken und Schwächen sprechen, dann meinen wir, dass jeder Mensch bestimmte Dinge gut kann und andere nicht.

1. Gestalte das Gittergedicht mit deinen wichtigsten Eigenschaften.
2. Klebe rechts daneben Fotos von dir auf, die du gern magst.
3. Lest die Porträts laut vor und erratet, wer gemeint ist.
4. *Wir philosophieren:* Sprecht darüber, woran ihr erkannt habt, wer gemeint ist.

Weiterdenken: Wie wäre die Welt ohne mich?

Zufall

Wenn statt mir jemand anderer
auf die Welt gekommen wär´.
Vielleicht meine Schwester
oder mein Bruder
oder irgendein fremdes blödes Luder –
Wie wäre die Welt dann,
ohne mich?
Und wo wäre dann ich?
Und würde mich irgendwer vermissen?
Es tät ja keiner von mir wissen.
Statt meiner wäre hier ein ganz anderes Kind,
würde bei meinen Eltern leben
und hätte mein ganzes Spielzeug im Spind.
Ja, sie hätten ihm sogar
meinen Namen gegeben.

Martin Auer

Aus: Hans Joachim Gelberg (Hrsg.): Überall und neben dir. Weinheim: Beltz 1986, S. 72.

Meine Antwort auf die Frage ______________________________

____

____

____

____

____

____

____

____

____

1. Lest das Gedicht laut in der Klasse vor. Fasst anschließend mit eigenen Worten die wichtigsten Gedanken zusammen.
2. Wähle eine Frage aus dem Gedicht aus und beantworte sie. Besprecht die Antworten in der Klasse.
3. *Wir philosophieren:* Diskutiert darüber, warum der Name wichtig für einen Menschen ist. Artikel 7 der „Konvention über die Rechte des Kindes“ der Vereinten Nationen spricht euch sogar das Recht auf einen Namen zu. Erklärt, warum das so ist.

Spielvorschlag: Sich im Dunkeln orientieren

© stock.adobe.comNTGUILTY

Das Spiel folgt einer Idee des Schweizer Philosophen Jean-Jacques Rousseau (1712–1778). In seinem Buch „Émile oder Über die Erziehung" hat sich Rousseau mit der Erziehung und Bildung von Kindern und Jugendlichen beschäftigt. Er schlägt bereits im ersten Kapitel vor, insbesondere die Sinne zu trainieren. Für ihn spielen der Hör- und der Tastsinn eine wichtige Rolle, um sich in der Welt orientieren zu können.

Bildet Vierergruppen. Stellt euch in einen dunklen Raum, zum Beispiel in die Sporthalle, wenn es Nacht wird. Bleibt ruhig stehen und versucht, Geräusche einzufangen. Behaltet sie im Kopf, um sie später auf diesem Blatt zu notieren.
Versucht nun, den Geräuschen zu folgen und den Ausgang zu erreichen. Ihr könnt dabei hören und tasten.

1. Notiere im Rahmen oben die Geräusche aus dem dunklen Raum, an die du dich erinnerst. Vergleicht eure Ergebnisse in der Vierergruppe.
2. Unterstreiche die natürlichen Geräusche grün und die künstlichen rot. Erklärt in der Klasse den Unterschied zwischen natürlichen und künstlichen Geräuschen.
3. Informiert euch über Jean-Jacques Rousseau. Erarbeitet über ihn ein Kurzreferat.
4. *Wir philosophieren:* Berichtet über eure Erfahrungen mit dem Spiel: Was hat gut funktioniert und wobei hattet ihr Schwierigkeiten? Vergleicht die Sinne *Hören*, *Sehen* und *Tasten*. Arbeitet mündlich Unterschiede und Gemeinsamkeiten heraus.

Spielvorschlag: Anderen blind vertrauen

Bildet nach Sympathie Zweiergruppen. Verbindet einer oder einem von euch die Augen. Der Partner oder die Partnerin ohne Augenbinde hat nun die Aufgabe, den oder die andere sicher durch den Parcours oder das Klassenzimmer zu geleiten. Er oder sie sollte beim Ertasten, Schmecken und Riechen der „Umgebung" assistieren. Im Anschluss werden dann die Rollen getauscht.

Hast du dich die ganze Zeit über sicher gefühlt?

____

____

____

____

Einander zu vertrauen bedeutet,

____

____

____

____

____

____

Menschen können lernen, einander zu vertrauen,

____

____

____

1. Spielt das Spiel, sodass jeder von euch beide Rollen ausführt.
2. Schreibe nach dem Spiel einige Fragen auf, die du als Spielauswertung mit deinem Partner oder deiner Partnerin diskutieren willst. Stellt anschließend wechselseitig eure Fragen und beantwortet sie.
3. Sprecht im Kurs darüber, was es heißt, einander blind zu vertrauen. Klärt vorher den Begriff „vertrauen". Schreibe anschließend oben auf, was es bedeutet, zu vertrauen.
4. *Wir philosophieren:* Diskutiert darüber, wie Menschen lernen können, einander zu vertrauen. Erarbeitet in kleinen Gruppen Vorschläge. Macht euch dazu vorher Stichpunkte.

Ich und die anderen

HINWEISE FÜR LEHRKRÄFTE

Im zweiten Kapitel steht das Zusammenleben mit anderen Menschen im Mittelpunkt. Es geht um Verhaltensweisen, die dazu beitragen, dass Menschen gut miteinander auskommen: Toleranz, Empathie, Regeln und Anerkennung. Methodisch soll vor allem der Perspektivwechsel geübt werden, d. h., die Schülerinnen und Schüler sollen lernen, sich in das Denken, Fühlen und Handeln anderer Menschen hineinzuversetzen, zum Beispiel mit der **KV 10**, und im Unterrichtsgespräch ihre Meinungen mit guten Begründungen zu vertreten.

KV 9: Die Achtsamkeit gegenüber anderen Menschen steht im Mittelpunkt dieses Arbeitsblattes. Die Schülerinnen und Schüler sollen im Alltagsleben „genau hinschauen" und wahrnehmen, wie andere Menschen aussehen und wie sie sich verhalten. Diese KV steht in einem engen Zusammenhang mit der **KV 1**, bei der es um Selbstwahrnehmung geht.

KV 10: Die Schülerinnen und Schüler lernen die Methode des „fremden Blicks" kennen, die insbesondere von der deutschen Philosophin Edith Stein als Methode der Einfühlung empfohlen wurde: Jemand versucht sich vorzustellen, wie andere Menschen denken und fühlen und warum sie so und nicht anders denken und handeln. Im Unterricht sollte geübt werden, wie die Ich-Perspektive in eine Du-Perspektive verändert werden kann. Mögliche Formulierungen dazu sind:

Du/ihr könntet mir sagen/erzählen/ berichten ...
Wenn ich dich/euch richtig verstehe, dann meinst du / meint ihr ...
Deine/eure Blicke/Mimik/Handbewegungen drücken aus ...
Deine/eure Meinungen sind für mich wichtig, weil ...

KV 11: Mit dieser Kopiervorlage wird wieder die Perspektive gewechselt. Denn eine Orientierung am Du bedeutet nicht, dass sich Menschen ohne eigenes Nachdenken und ohne eine Prüfung auf das verlassen sollten, was ihnen andere sagen. Es kommt bei aller Kooperation mit anderen auch darauf an, im Sinne Immanuel Kants selbst nachzudenken. In der Klasse sollte vor allem auch darüber gesprochen werden, warum sich viele darauf verlassen, dass alles stimmt, was andere sagen. In der Aufgabe 1 sollen die Schülerinnen und Schüler einen Schluss für die Geschichte schreiben – diese Methode kennen sie aus dem Deutschunterricht.

KV 12: Zum Zusammenleben gehören auch Regeln. Die Schülerinnen und Schüler werden angeregt, Regeln aus verschiedenen Lebensbereichen zu finden. Abschließend sollte in der Klasse anhand von Zeichnungen darüber nachgedacht werden, wie eine Gesellschaft aussehen würde, in der es keine Regeln gibt. Zu diesem Thema könnte auch ein Rollenspiel gespielt werden, zum Beispiel: eine Schule ohne Regeln; der Straßenverkehr ohne Regeln; ein Supermarkt ohne Regeln. Dieses Gedankenexperiment hat die didaktische Funktion, den Schülerinnen und Schülern die Notwendigkeit von Regeln verständlich zu machen.

KV 13: Viele Menschen haben Probleme damit, wenn jemand anders ist als die Mehrheit, was der Cartoon oben auf dem Arbeitsblatt zum Ausdruck bringt. Insofern müssen insbesondere Jugendliche lernen, dieses Anderssein zu akzeptieren, ohne ihren eigenen Standpunkt aufzugeben. Die Schülerinnen und Schüler sollen sich eine Antwort für das Mädchen oben überlegen und sich dabei auf die Definition der Toleranz von Joachim Gauck stützen. Im Unterrichtsgespräch sollten dann die Grenzen der Toleranz aufgezeigt werden: Etwas zu akzeptieren bedeutet nicht, damit einverstanden zu sein. Die Kopiervorlage steht deshalb in einem engen Zusammenhang mit der **KV 11:** Selber-Denken und seine Meinung vertreten. Die Schülerinnen und

Schüler sollten im Internet zu Joachim Gauck recherchieren und über sein Leben und seine politische Tätigkeit eine (digitale) Präsentation erarbeiten.

KV 14: Diese Kopiervorlage bezieht sich direkt auf die **KV 13**, denn eine andere Meinung oder einen anderen Lebensstil als jemand anderes zu haben, bedeutet nicht, ihn abzulehnen. Jeder Mensch verfügt über positive Eigenschaften, die von anderen geschätzt werden sollten. Die erste Aufgabe regt die Schülerinnen und Schüler in diesem Sinn dazu an, darüber nachzudenken, was sie an anderen besonders schätzen. Im Unterrichtsgespräch sollte über den Gedanken von Ann Margaret Sharp diskutiert werden, warum Wertschätzung die Grundlage der Demokratie bildet. Eine mögliche Antwort wäre, dass eine demokratische Gesellschaft gemeinsam gestaltet werden sollte, und dies setzt gegenseitigen Respekt voraus.

KV 15: Diese Kopiervorlage umfasst ein Anwendungsbeispiel, insbesondere zur **KV 10** und der Methode des „fremden Blicks". Zwei Jugendliche kandidieren für das Amt des Klassensprechers / der Klassensprecherin. Die Schülerinnen und Schüler sollen sich überlegen, was sie von den beiden noch wissen wollen, um eine Entscheidung zu treffen. Anschließend soll darüber „spekuliert" werden, wer von den beiden aus welchen Gründen die Abstimmung gewinnen könnte. Hierzu könnte spontan auch eine Vierecken-Abstimmung durchgeführt werden: Die Befürworter-/innen von Mattes gehen in die vordere linke Ecke des Klassenraums und die Befürworter-/innen von Amira in die vordere rechte. Diejenigen, die eher für Mattes als für Amira sind, sich aber noch nicht hundertprozentig entscheiden können, stellen sich in die hintere linke Ecke und diejenigen, welche eher für Amira sind, in die hintere rechte Ecke. Die Stimmen werden ausgezählt und anschließend im Plenum ausgewertet.

KV 16: In einem engen Zusammenhang mit der **KV 12** sollen sich die Schülerinnen und Schüler selbst ein Spiel mit den gezeichneten und ergänzten Gegenständen in kleinen Gruppen ausdenken und Spielregeln dazu aufstellen. Diese Aufgabe sollten stärkere Schülerinnen und Schüler übernehmen. Die Spiele können dann wechselseitig in der Klasse gespielt und zum Schluss ausgewertet werden.
Diejenigen Schülerinnen und Schüler, für die das Spiel zu schwierig ist, spielen „Mensch ärgere dich nicht!" und denken sich dafür eine neue, zusätzliche Spielregel aus. Diese wird dann in der Klasse vorgestellt und diskutiert.

Was fällt mir an anderen Menschen auf?

© stock.adobe.com/alphaspirit

Wenn mir andere Menschen begegnen, achte ich besonders auf ______________________

____

____

____

Wenn Menschen an mir vorbeigehen, achte ich besonders auf ______________________

____

____

____

1. Schreibe in Stichworten auf, worauf du achtest, wenn dir andere Menschen begegnen. Vergleicht eure Beobachtungen zu zweit.
2. Ergänze schriftlich, was dir an anderen Menschen besonders auffällt, wenn sie zum Beispiel auf der Straße an dir vorbeigehen.
3. *Wir philosophieren:* Fädelt eine Gedankenkette: *Achtsamkeit gegenüber anderen Menschen bedeutet* ... Ihr äußert nacheinander je einen Gedanken zu dieser Aussage. Keiner darf wiederholen, was schon gesagt wurde.

Was andere denken und fühlen

© Illustration: Dorina Tessmann

Schon gewusst? Verschiedene Perspektiven
In vielen Situationen und auch bei Konflikten vertreten Menschen hauptsächlich ihre eigene Position, die sogenannte Ich-Perspektive: Ich will, dass du dich so oder so verhältst. Die deutsche Philosophin Edith Stein (1891–1942) war der Ansicht, dass Menschen aber auch lernen müssten, sich in andere „einzufühlen". Damit meint sie, dass wir auch darüber nachdenken sollten, was andere in einem bestimmten Augenblick denken und fühlen und warum sie so (und nicht anders) handeln. Sie nennt das die Du-Perspektive.
Die Methode der Du-Perspektive wird auch der „fremde Blick" genannt, d. h., jemand versucht, mit den Augen eines anderen Lebewesens die Welt zu sehen: Wenn ich ein Hund wäre, dann würde ich den Menschen sagen ...

Wenn ich der Junge im Cartoon wäre, dann würde ich der Gruppe folgende Fragen stellen:

1. ______________________________

2. ______________________________

3. ______________________________

1. Sagt mit eigenen Worten, was ihr unter dem fremden Blick versteht. Gebt dazu ein Beispiel aus eurem Umfeld: Familie, Schule oder Freundeskreis.
2. Schreibe auf, was du machen würdest, wenn du der Junge wärst (siehe den Cartoon oben). Formuliere Fragen, mit denen du herausbekommen könntest, was die Gruppe vorhat. Denke dabei an die Du-/Ihr-Perspektive. Lest eure Fragen in kleinen Gruppen vor und versucht sie zu beantworten. Fragen in der Du-/Ihr-Perspektive dürfen nicht mit dem Wort „Ich" beginnen.
3. Informiert euch über die Philosophin Edith Stein, die 1942 im Konzentrationslager Auschwitz ermordet wurde. Erarbeitet ein Kurzreferat über sie.
4. *Wir philosophieren:* Sprecht in der Klasse darüber, warum der fremde Blick dazu beitragen kann, andere Menschen besser zu verstehen.

Fakten klären und selber denken

© stock.adobe.comSENRYU

Mia und Paul haben Stress miteinander. Als sie sich auf dem Schulhof begegnen, fängt Mia sofort an, Paul Vorwürfe zu machen, weil er ständig ohne zu fragen ihre Hausaufgaben in Mathe abschreibt. „Du hast schon wieder mein Heft aus dem Rucksack genommen." Paul schüttelt den Kopf: „Das stimmt jetzt wirklich nicht!" Mia presst die Lippen zusammen. „Doch, doch, Elli hat gesagt, du hast schon wieder meine Hausaufgaben abgeschrieben!"

Schon gewusst? Nachforschen, was passiert ist

Viele Menschen verlassen sich auf das, was andere ihnen über einen bestimmten Sachverhalt erzählen. Paul schreibt immer die Hausaufgaben ab, also hat er das auch dieses Mal getan. Um herauszubekommen, was wirklich geschehen ist, müssen Menschen jedoch selbst „ihre Augen öffnen" und nachforschen.

„Das stimmt jetzt wirklich nicht!"

____

____

____

____

1. Erfinde einen neuen Schluss für die Geschichte: Mia verlässt sich nicht auf das, was Elli gesagt hat. Stellt eure Varianten anschließend in der Klasse vor.
2. Diskutiert darüber, warum sich viele Menschen auf das verlassen, was andere ihnen über einen bestimmten Sachverhalt erzählen.
3. *Wir philosophieren:* Der Philosoph Immanuel Kant (1724–1804) hat geschrieben, dass es einfach sei, andere für sich denken zu lassen. Es komme aber darauf an, selbst zu denken. Bezieht diesen Gedanken auf die Geschichte von Mia und Paul.

Regeln einhalten

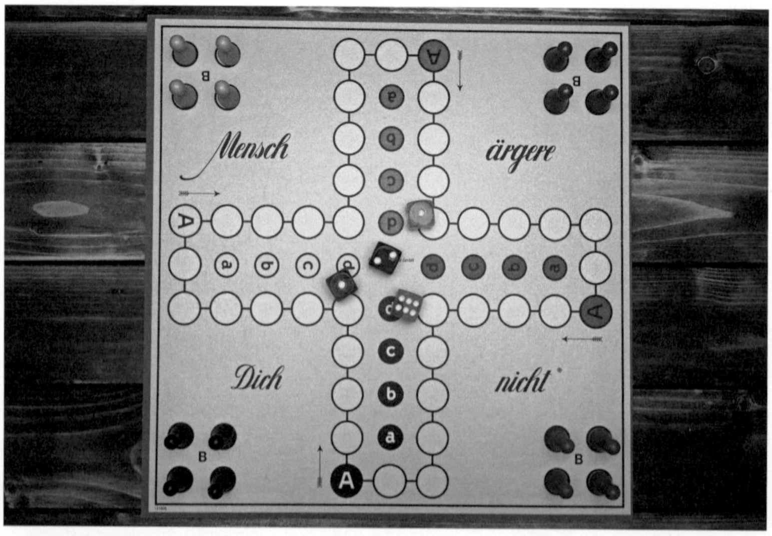

© Shutterstock.com/Ralf Liebhold

Regeln beim Spiel „Mensch ärgere dich nicht!“: ______________________________

____

____

____

> **Schon gewusst? Regeln**
>
> Regeln sind Verhaltensvorschriften für verschiedene Bereiche des Lebens, damit das Zusammenleben gut funktioniert.

Schule ______________________________

____

Familie ______________________________

____

Staat ______________________________

____

1. Schreibt in Stichworten Regeln auf, die bei „Mensch ärgere dich nicht!“ gelten. Sammelt anschließend die Regeln an der Tafel oder dem Whiteboard und spielt das Spiel in Vierergruppen. Wertet eure Erfahrungen in der Klasse aus.
2. Schreibe zu jedem Lebensbereich oben eine Regel auf. Vergleicht eure Ergebnisse in der Klasse.
3. *Wir philosophieren:* Was würde passieren, wenn in der Gesellschaft niemand mehr Regeln einhalten würde? Malt dazu ein Bild auf der Rückseite dieses Blattes. Legt eure Zeichnungen anschließend in einen Kreis und sprecht über eure Ideen.

Tolerant sein

© Illustration: Dorina Tessmann

Schon gewusst? Toleranz

Das Wort „tolerant“ leitet sich ab von dem lateinischen Verb *tolerare,* das auf Deutsch ertragen/aushalten/erdulden heißt. Es beinhaltet die Fähigkeit und die Bereitschaft, das Anderssein eines Menschen zu akzeptieren und auszuhalten. Toleranz ist somit die Berücksichtigung von Differenz*/Pluralität**.

Nach Joachim Gauck, Pfarrer und ehemaliger Bundespräsident

Joachim Gauck: Toleranz einfach schwer. In Zusammenarbeit mit Helga Hirsch. Freiburg: Herder 2019, 5. Auflage, S. 52.

* Verschiedenheit

** Vielzahl von Meinungen

Eine ähnliche Situation war für mich ______________________________

____

____

____

____

1. Fülle die Sprechblase aus: Was könnte das Mädchen antworten? Vergleicht eure Ideen in der Klasse.
2. Beschreibt eine ähnliche Situation wie oben, in der jemand das „Anderssein des anderen“ nicht akzeptiert hat. Sprecht in der Klasse darüber, wie ihr damit umgegangen seid.
3. *Wir philosophieren:* Tolerieren bedeutet nach Joachim Gauck aushalten und ertragen. Heißt das, dass man allem, was andere machen, auch zustimmen muss? Begründet euren Standpunkt.
4. Informiert euch über Joachim Gauck. Erarbeitet über ihn eine digitale Präsentation.

Weiterdenken: Einander wertschätzen

© Shutterstock.com/fizkes

Alia und Ella gehen in dieselbe Klasse. Sie haben oft miteinander Streit, weil Alia nach Ellas Ansicht zu viel Umweltschutz betreibt: veganes Essen, Second-Hand-Kleidung, kein Urlaub mehr per Flugzeug. Ella findet das ein wenig übertrieben, denn sie zieht sich gern chic an und Ferien auf Mallorca mit dem Flugzeug findet sie auch ganz toll. Obwohl beide Mädchen unterschiedliche Interessen haben und manchmal lautstark miteinander im Clinch liegen, gehen sie immer wieder aufeinander zu, weil die eine die andere sehr schätzt.

Schon gewusst? Wertschätzen

Einander wertzuschätzen bedeutet nach Ansicht der amerikanischen Philosophin Ann Margaret Sharp (1942–2010), dass jemand bestimmte Verhaltensweisen oder persönliche Eigenschaften von Menschen positiv beurteilt. Kinder und Jugendliche sollten lernen, Werte wie Umweltschutz oder auch materielle Dinge wie Kleidung, die ihnen wichtig sind, bewusst wahrzunehmen und für ihr eigenes Handeln zu nutzen.

An meinem Nachbarn oder meiner Nachbarin schätze ich besonders. ______________________

____

____

____

____

1. Schreibe auf, was du an deinem Nachbarn oder deiner Nachbarin besonders schätzt. Vergleicht eure Einschätzungen zu zweit.
2. Sprecht in der Klasse darüber, ob es bei eurer Wertschätzung für Mitschüler-/innen einen Unterschied zwischen Jungen und Mädchen gibt.
3. *Wir philosophieren:* Ann Margaret Sharp hat geschrieben, dass die Fähigkeit, andere Menschen wertzuschätzen, Grundlage unserer Demokratie ist. Erklärt diesen Gedanken.

Ausprobieren: Aus verschiedenen Perspektiven denken

Mattes und Amira möchten beide Klassensprecher-/in werden.

© Illustration: Kristina Klotz

Ich bin Mattes. Ich habe bereits als Streitschlichter in der Schule vielen Mitschüler-/innen geholfen, Konfliktsituationen zu entschärfen. Dafür bekam ich viel Respekt und Anerkennung.

© Illustration: Kristina Klotz

Ich heiße Amira. Bisher habe ich mich in unserer Klasse insbesondere für mehr Toleranz eingesetzt. Ich will, dass jeder seine Religion so leben darf, wie er möchte: Wenn jemand fasten möchte, dann fastet er. Und wenn jemand eine Kreuzkette oder eine Kippa tragen möchte, dann trägt er sie.

Was ich von den beiden noch wissen möchte:

1. ______________________________

____

2. ______________________________

____

3. ______________________________

____

4. ______________________________

____

1. Schreibe auf, was du von den beiden gern noch wissen möchtest, um zu entscheiden, wer Klassensprecher-/in werden sollte. Vergleicht eure Fragen anschließend in der Klasse.
2. *Wir philosophieren:* Stellt Vermutungen an, wie die Abstimmung ausgehen könnte. Begründet eure Einschätzung.
3. Fädelt eine Gedankenkette: *Ein Schulsprecher oder eine Schulsprecherin sollte* ... Jeder von euch sagt dazu einen Gedanken. Keiner darf wiederholen, was schon gesagt wurde.

Spielvorschlag: Selbst ein Spiel mit Regeln erfinden

© Illustration: Kristina Klotz

Meine Spielidee:

Spielregeln:

1.
2.
3.

1. Male oben zwei weitere Gegenstände, die du in einem Spiel verwenden möchtest.
2. Schreibt Stichworte auf, wie ihr euch einen möglichen Spielverlauf vorstellt: Wollt ihr zum Beispiel ein Kartenspiel entwerfen oder ein Spiel mit einem Spielfeld und Spielfiguren oder ein Rollenspiel?
3. Bildet kleine Gruppen und denkt euch das Spiel aus. Formuliert drei Regeln. Spielt eure Spiele anschließend wechselseitig in der Klasse.
4. *Wir philosophieren:* Sprecht darüber, was euch an dem Spiel-Ausdenken besondere Schwierigkeiten bereitet hat und wie sie gelöst wurden.

Wir und die Natur

HINWEISE FÜR LEHRKRÄFTE

In diesem Kapitel geht es vor allem um die Wahrnehmung und Beschreibung von Naturphänomenen und die Verständigung darüber, was zur Natur gehört. Eine Zusammenarbeit mit dem Fach Biologie wäre hierzu wünschenswert. Die Schülerinnen und Schüler sollen dafür sensibilisiert werden, dass nicht nur die belebte Natur (Pflanzen und Tiere) schützenswert ist, sondern auch die unbelebte (Mineralien, Flüsse, Berge). Als wichtige kreative Methode könnte das Elfchen fungieren, ein Gedicht, das aus 11 Wörtern besteht, die auf 5 Zeilen verteilt werden:

Natur	1. Zeile: 1 Wort
Pflanzen, Tiere	2. Zeile: 2 Wörter
und der Mensch	3. Zeile: 3 Wörter
sowie Berge und Meere	4. Zeile: 4 Wörter
Natur	5. Zeile: 1 Wort

Bei der **KV 17** geht es um den Unterschied zwischen Natur und Kultur, der von den Schülerinnen und Schülern ein hohes Abstraktionsvermögen erfordert, sodass wir diese Seite als eine Weiterdenken-Seite eingeordnet haben. Die Schülerinnen und Schüler sollen zunächst entscheiden, welche der abgebildeten Gegenstände/Lebewesen zur Natur gehören: Tannenzapfen, Stein, Blatt und Schnecke sind Natur; Federtasche und Haus gehören zur Kultur (sie wurden von Menschen angefertigt). Bei dem Begriff „Kind“ ist eine doppelte Einordnung möglich, denn der Mensch ist sowohl ein Naturwesen (Evolution) als auch ein Kulturwesen (gestaltet die Natur nach seinen Bedürfnissen um). Die Aufgabe 2 stellt das begriffliche Arbeiten in den Mittelpunkt: Die Schülerinnen und Schüler sollen als Gegensatzbegriff zur Kultur eine Definition von Natur geben. Sie könnte sich an die folgende Definition anlehnen:

Natur wird von dem lateinischen Wort natura *abgeleitet, was auf Deutsch* Geburt *heißt. Sie ist der Gegenbegriff zur Kultur. Natur umfasst alle Vorgänge, die eigenständig ohne das Zutun des Menschen ablaufen, also Wachsen, Werden und Vergehen. In einer zweiten Bedeutung ist damit auch das Wesen oder die Beschaffenheit einer Sache gemeint: Der Kern oder das Wesen der Philosophie ist das Nachdenken über wichtige Lebensfragen.*

Natur hieß im antiken Griechenland Physis *im Sinne von Werden, Wachstum, Entstehen und Entwicklung. Damit war eine Sache gemeint, die sich ohne äußere Einwirkungen aus sich selbst heraus bewegt: Das Wasser fließt, wie der griechische Philosoph Heraklit (etwa 540–480 v. Chr.) feststellte, ohne dass der Mensch etwas dazu tut. Mit Natur wird seit der Antike das Lebensprinzip schlechthin bezeichnet: Lebewesen entstehen, wachsen, entwickeln sich und vergehen – dieser Vorgang wiederholt sich.*

Die **KV 18** erfordert von den Schülerinnen und Schülern Kreativität. Sie sollen einen schönen Garten gestalten. Dies setzt zunächst eine Verständigung über den Begriff „schön“ voraus. Anschließend soll anhand des Vogelhäuschens darüber nachgedacht werden, warum ein Garten im Sine des griechischen Philosophen Epikur immer auch ein Ort der Kommunikation (nicht nur zwischen Menschen) ist. Der Text über die schöne Natur von Angelika Krebs ist für stärkere Schülerinnen und Schüler gedacht. Sie sollen herausfinden bzw. begründen, warum die Menschen keine Fremdlinge auf der Erde sind.

Die **KV 19** thematisiert den Unterschied zwischen der belebten Natur (Menschen, Tiere, Pflanzen) und der unbelebten (Berge, Flüsse, Meere, Mineralien wie Steine). Zunächst lernen die Schülerinnen und Schüler die Äbtissin, Ärztin, Philosophin und Theologin Hildegard von Bingen kennen, zu der auch recherchiert werden soll. Die Jugendlichen werden angeregt, ihren Gedanken über Steine zu Ende zu denken und aufzuschreiben, welche Bedeutung Steine für sie selbst haben, zum Beispiel als Spielgegenstände oder als Dekoration in Gärten. Anschließend soll in Zusammenarbeit mit dem Fach Biologie ergänzt werden, was zur belebten Natur gehört. Eine Frage könnte lauten: Wer oder was atmet und wächst?

Die **KV 20** ist ein Arbeitsblatt zum Weiterdenken. Der Autor und Philosoph Helmut Engels beschreibt in seiner Geschichte zunächst den schönen Anblick der Natur mit den gelben Blüten, bevor dann der Eingriff des Menschen in die Natur dargestellt wird: die Überdüngung der Böden. Die Schülerinnen und Schüler sollen durch die Geschichte erkennen, dass der Mensch durch seine Eingriffe in die Natur zur Veränderung des ökologischen Gleichgewichts beitragen kann. Ein Kurzreferat über das Düngen in Zusammenarbeit mit dem Biologieunterricht könnte den Schülerinnen und Schülern Aufschluss darüber geben, dass nicht alle Eingriffe des Menschen in die Natur positive Auswirkungen haben.

KV 21 stellt anhand eines kurzen Auszugs aus einem Text von Papst Franziskus die biologische Vielfalt in den Mittelpunkt der Reflexion. Die Schülerinnen und Schüler sollen zur Roten Liste und zur Weltnaturschutzorganisation recherchieren sowie Beispiele für das Aussterben von Pflanzen und Tieren finden. Als Hilfestellung haben wir Umweltverschmutzung, Müll und die Abholzung von Wäldern bereits vorgegeben, die dann mit konkreten Beispielen belegt werden sollten. Schwieriger ist die Aufgabe zum Philosophieren: Die Jugendlichen sollen den Gedanken von Papst Franziskus erklären, dass Pflanzen und Tiere einen Eigenwert haben. Hiermit ist gemeint, dass sie nicht nur als Ressource für den Menschen existieren, sondern aus sich selbst heraus; d. h., sie haben ihren Zweck in sich selbst.

KV 22 erzählt von dem Zirkuspferd Lilly, das eines Tages nicht mehr durch die Manege laufen will und streikt, da es lieber in Freiheit durch die Steppe galoppieren möchte. Die Schülerinnen und Schüler sollen sich dazu äußern, ob sie Lillys Wunsch verstehen können. In Zusammenarbeit mit dem Biologieunterricht soll über die Einteilung der Tiere in Haus- und Nutztiere nachgedacht werden.

Die **KV 23** präsentiert eine Kurzfassung der Geschichte „Wie viel Erde braucht der Mensch?" des russischen Schriftstellers Leo Tolstoi. Darin wird das Problem thematisiert, dass die Menschen immer mehr (Erde) haben wollen. Hierzu sollen sich die Schülerinnen und Schüler einen Schluss ausdenken, der nicht mit dem Tod des Bauern endet, sondern das Ziel der Nachhaltigkeit in den Mittelpunkt stellt, zum Beispiel den Verzicht auf noch mehr Land. Die Schlussvarianten sollten in der Klasse vorgelesen und diskutiert werden.

Die **KV 24** stellt zum Abschluss dieses Kapitels ein Spiel vor, das Naturgeräusche in den Mittelpunkt des Spielgeschehens stellt: Die Schülerinnen und Schüler sollen Geräusche aus ihrer Umgebung wahrnehmen und diese in natürliche Geräusche (Natur) und künstliche (vom Menschen erzeugt) unterteilen. Auch hier ist wieder gedankliche Kreativität gefragt: Es geht darum, eine eigene Spielvariante zu entwickeln.
Weitere Wahrnehmungsspiele zur Natur finden Sie in dem Themenheft „Lernspiele Ethik" von Barbara Brüning, Cornelsen Verlag 2018, 2. Auflage (ISBN 978-3-589-15795-2).

Weiterdenken: Natur und Kultur

 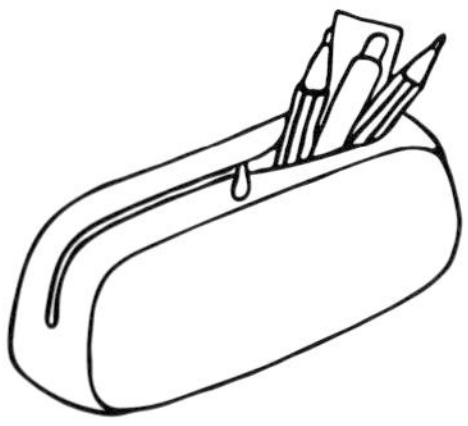 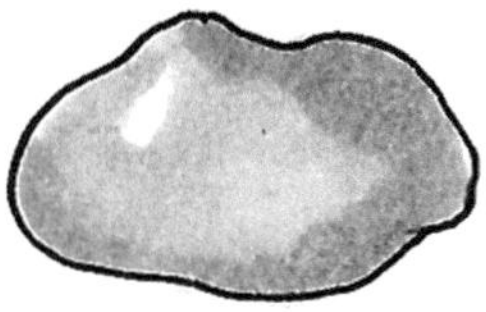 

Schnecke, Blatt, Stein, Haus: © Illustration: Kristina Klotz
Tannenzapfen: © Illustration: Dorina Tessmann
Mädchen: © Shutterstock.com/escova
Federtasche: © Shutterstock.com/IrynMerry

Schon gewusst? Kultur

Der Begriff „Kultur“ wird von dem lateinischen Wort *colere* abgeleitet, was auf Deutsch pflegen, bebauen oder kultivieren heißt. Kultur wird in der Philosophie als Gegen-Begriff zur Natur verwendet, d. h., der Mensch drückt der Natur seinen Stempel auf. Er kultiviert und bebaut sie zum Beispiel durch technische Erfindungen wie Maschinen und Bauwerke sowie durch Werte, Normen und Werke der Kunst. Die Gesamtheit dieser Erfindungen und Entdeckungen des Menschen wird als Kultur bezeichnet.

Schon gewusst? Natur

1. Unterstreiche oben diejenigen Bilder grün, die etwas mit Natur zu tun haben. Vergleicht eure Ergebnisse zu zweit. Gibt es ein Bild, das ihr nicht zuordnen konntet? Wenn ja, diskutiert in der Klasse darüber.
2. *Wir philosophieren:* Formuliert für ein Schülerlexikon eine Definition für Natur, so ähnlich, wie die für Kultur (siehe oben). Tauscht euch über eure Definitionen in der Klasse aus.
3. Grenzt mit eigenen Worten Natur und Kultur mündlich voneinander ab.

Schöne Natur

Schöne Natur

Schöne Natur lädt uns zum freudigen Verweilen ein. In ihr fühlen wir uns aufgehoben und geborgen, wir kommen an und können der Zukunft und all dem, was wir nicht in der Hand haben, gelassener begegnen. Das Werden und Vergehen in der Natur, der Zyklus der Tages- und Jahreszeiten beeinflusst auch die Gestaltung unseres Lebens. Durch die Naturbeobachtung gewinnen wir Einsichten, die über die Natur hinausgehen und auch für unseren Alltag wichtig sind. Wir können ein liebevolles Verhältnis zu unserer eigenen Natur gewinnen und spüren, dass wir ein Teil der Natur sind und keine Fremdlinge auf der Erde, und dass wir der Erde auch etwas schulden.

Nach Angelika Krebs, deutsche Philosophin

Angelika Krebs: Das Weltbild der Igel. Naturethik einmal anders. Basel: Schwabe Verlagsgruppe 2021, S. 113.

Wir sind keine Fremdlinge auf der Erde, weil wir ____________________

____

____

____

____

____

Wir schulden der Erde ____________________

____

____

____

____

____

____

1. Gestalte um das Vogelhäuschen herum einen schönen Garten. Überlege dir zuvor, was das Wort „schön" für dich bedeutet: Farbe, Formen, Harmonie usw. Legt eure Zeichnungen anschließend in einen Kreis und sprecht über eure Gärten.
2. Begründet oben, warum wir Menschen keine Fremdlinge auf der Erde sind. Schreibt zusätzlich auf, was wir der Erde schulden, zum Beispiel Dankbarkeit für die Nahrung, die sie uns gibt. Vergleicht eure Ideen anschließend in der Klasse.
3. *Wir philosophieren:* Der griechische Philosoph Epikur (341–270 v. Chr.) hat geschrieben, dass ein Garten immer auch ein Ort der Begegnung sein sollte. Erklärt mündlich, was er damit gemeint haben könnte.

Das sind doch nur Steine!

Die Äbtissin, Ärztin und Theologin Hildegard von Bingen (1098–1179) baute in ihrem Klostergarten viele Kräuter an. Sie hatte darüber hinaus dort eine der größten Steinsammlungen in Europa. Zu ihren Nonnen sagte sie: „Behandelt alle Steine gut, denn …".

© stock.adobe.com/megis

Hildegard könnte gesagt haben:

Behandelt alle Steine gut, denn ______________________________

____

____

Steine bedeuten für mich ______________________________

____

____

Schon gewusst? Steine

Steine gehören zur unbelebten Natur, genauso wie Berge, Flüsse und Ozeane. Zur belebten Natur gehören

____

____

1. Schreibe oben auf, was Hildegard gesagt haben könnte. Vergleicht eure Ideen in der Klasse.
2. Schreibe nun auf, was Steine für dich bedeuten. Verwendest du sie beispielsweise zum Basteln oder im Garten?
3. Informiert euch über Hildegard von Bingen. Gestaltet eine Collage über sie.
4. *Wir philosophieren:* Schreibt in Zusammenarbeit mit dem Fach Biologie auf, was zur belebten Natur gehört. Erklärt anschließend mündlich den Unterschied zwischen der belebten und der unbelebten Natur.

Weiterdenken: Löwenzahnpracht

Die Fahrt über die Autobahn war lang und langweilig gewesen. Jetzt fuhr er mit seinem Wagen über gut ausgebaute Landstraßen, die sich durch das hügelige Allgäu zogen. Er genoss die Fahrt. Noch mehr aber freute er sich über die Landschaft. Die Wiesen an den Abhängen und in den Tälern waren über und über mit Löwenzahn bedeckt, dessen kräftiges Gelb sich leuchtend von dem dunklen, saftigen Grün der Gräser abhob. „Eine Augenweide“, dachte er und schmunzelte darüber, dass diese Wiesen tatsächlich Weiden waren. Bis in die blau verschwimmende Ferne konnte er die schönen Gelbtöne der Löwenzahnwiesen erkennen. Ihm fiel auf, dass nicht alle Weiden in gleicher Weise dicht mit der gelben Fracht geschmückt waren.
Am Abend erzählte er seiner Schwester, zu der er unterwegs gewesen war, von seiner Freude über die herrlich blühenden Wiesen. Bei ihm zu Hause seien die Wiesen und Weiden bei weitem nicht so schön. Ob er denn nicht wisse, fragte sie ihn, woher die Fülle des Löwenzahns komme. Seine Antwort: Er vermute, dass man hier im Süden wohl die besseren Böden für ihr Gedeihen habe. Nein, sagte seine Schwester, die Überfülle der gelben Körbchenblüher liege nur an der Überdüngung der Böden, sei also ein Zeichen für ein künstlich geschaffenes Ungleichgewicht. Als er am nächsten Tag weiterfuhr, da kam es ihm vor, als wären die Löwenzahnwiesen mit einem grauen Schleier überzogen worden. Aber es hatte sich nicht einmal das Wetter geändert.

Helmut Engels, Philosoph und Autor

Helmut Engels: Löwenzahnpracht. In: Ders., Blaue Schokolade. Geschichten zum Denken und Querdenken. Hannover: Siebert Verlag 2007, S. 89.

Der Blick des Mannes hat sich verändert, weil ______________________________

____

____

____

____

____

____

____

1. Schreibe auf, warum sich der Blick des Mannes verändert hat. Lest eure Begründungen in der Klasse laut vor.
2. *Wir philosophieren:* Erklärt, was die Geschichte mit Natur und Umwelt zu tun hat.

Für immer verloren – die biologische Vielfalt

© Shutterstock.com/Butterfly Hunter

Schon gewusst? Die Rote Liste
Die Rote Liste gefährdeter Arten – bekannt auch als Rote Liste – wird jährlich von der Weltnaturschutzunion (IUCN) veröffentlicht. Sie umfasst weltweit vom Aussterben bedrohte Pflanzen- und Tierarten.

Pflanzen und Tiere haben einen Eigenwert
Es genügt nicht, an die verschiedenen Arten nur als eventuelle nutzbare „Ressourcen" zu denken und zu vergessen, dass sie einen Eigenwert besitzen. Jedes Jahr verschwinden Tausende Pflanzen- und Tierarten, die wir nicht mehr kennen können, die unsere Kinder nicht mehr sehen können, verloren für immer. Die weitaus größte Mehrheit stirbt aus Gründen aus, die mit irgendeinem menschlichen Tun zusammenhängen.

Papst Franziskus

Papst Franziskus: Laudato si´. Über die Sorge für das gemeinsame Haus. Die Umwelt-Enzyklika. Stuttgart: Verlag Katholisches Bibelwerk 2015, 3. Auflage, S. 44.

Pflanzen und Tiere sterben aus, weil wir Menschen ...

1. Informiert euch über die Weltnaturschutzunion und die Rote Liste. Erarbeitet dazu eine digitale Präsentation.
2. Schreibe Beispiele auf, wie wir Menschen dazu beitragen, dass verschiedene Pflanzen- und Tierarten verschwinden. Stichwörter sind zum Beispiel Verschmutzung, Abholzung oder Müll.
3. *Wir philosophieren:* Papst Franziskus sagt, dass Pflanzen und Tiere einen Eigenwert haben. Wie versteht ihr diesen Gedanken?

Lilly – das Zirkuspferd

© stock.adobe.comRealPeopleStudio

Es war einmal ein Zirkuspferd, das immer durch die Manege lief und Kunststückchen vollführte: Es sprang und drehte sich, lief verkehrt herum und nahm die Vorderbeine hoch, wenn die Peitsche knallte. Eines Tages aber beschloss Lilly zu streiken. Warum soll ich immer im Kreis herumlaufen, damit die Menschen im Zirkus klatschen? Ich will frei sein und in der Steppe galoppieren, dachte das Pferd. Also legte sich Lilly mitten in die Manege und rührte sich nicht.

Ich kann Lilly (nicht) verstehen, weil ...

1. Schreibe auf, ob du Lilly verstehen kannst oder nicht. Begründe deine Meinung. Tauscht eure Ideen anschließend in der Klasse aus.
2. Zirkustiere sind etwas Besonderes. Stimmt ihr zu? Begründet mündlich euren Standpunkt.
3. *Wir philosophieren:* Sprecht in Zusammenarbeit mit dem Fach Biologie darüber, wodurch sich Zirkustiere von Haus- und Nutztieren unterscheiden.

Wie viel Erde braucht der Mensch?

© Illustration: Dorina Tessmann

Ein Bauer erhält von einer Gutsbesitzerin ein kleines Stück Erde, bepflanzt und bebaut es und ist glücklich damit. Aber sein Glück währt nicht lange. Als er erfährt, dass er in der Gegend an der unteren Wolga noch mehr Land besitzen kann, zieht er mit seiner Familie dorthin um. Später erzählt ihm ein Kaufmann, dass er bei den Baschkiren grenzenlos viel Land erwerben könne; also macht er sich dorthin auf die Reise. Der Dorfälteste der Baschkiren stellt ihm so viel Land in Aussicht, wie er umlaufen kann. Er läuft und läuft und erreicht mit Mühe und Not den Hügel, wo der Dorfälteste auf ihn wartet. Dort bricht er schließlich tot zusammen.

Kurzfassung der Geschichte „Wie viel Erde braucht der Mensch?" nach dem russischen Schriftsteller Leo Tolstoi

Leo Tolstoi: Wie viel Erde braucht der Mensch? Köln: Anaconda 2009, S. 67–87.

Schon gewusst? Nachhaltigkeit

Nachhaltigkeit bedeutet, die Ressourcen der Erde möglichst zu erhalten, damit die Menschen in Zukunft auch noch davon leben können.

Ein „nachhaltiger" Schluss der Geschichte:

____

____

____

____

1. Schreibe einen anderen Schluss der Geschichte, der etwas mit Nachhaltigkeit zu tun hat. Lass den letzten Satz einfach weg. Stellt eure Ideen anschließend in der Klasse vor.
2. Erarbeitet ein Kurzreferat über den russischen Schriftsteller Leo Tolstoi (1828–1910).
3. *Wir philosophieren:* Der griechische Philosoph Demokrit (ca. 460–370 v. Chr.) hat schon vor mehr als 2000 Jahren geschrieben, dass die Menschen aufhören sollten, immer mehr haben zu wollen. Stimmt ihr zu? Begründet euren Standpunkt.

Naturgeräusche erkennen

1. Variante:
Ihr verteilt euch im Klassenzimmer oder auf dem Schulhof. Danach schließt ihr die Augen und lauscht ca. 2 Minuten, welche Geräusche um euch herum zu hören sind. Danach schreibt ihr in Stichworten auf der Rückseite dieses Blattes auf, was ihr gehört habt.
Anschließend sprecht ihr darüber: Welche Geräusche habe ich gehört? Wer hat sie erzeugt? Welche Geräusche waren natürliche Geräusche (z. B. von Lebewesen), und welche Geräusche waren künstliche Geräusche (z. B. Autos, Flugzeuge). Welcher Klang war angenehm und welcher nicht? Welcher Klang war mein Lieblingsgeräusch und warum?

2. Variante:
Dieses Spiel lässt sich auch in der freien Natur spielen. Ihr sammelt Naturobjekte, wie zum Beispiel Zweige, Blätter oder Steine. Einige (wenige) Schülerinnen und Schüler erzeugen mit den Naturobjekten Geräusche, zum Beispiel:
- mit dem Ast auf einen Stein schlagen
- Zweige zerbrechen
- Rinde zerbröseln
- Tannenzapfen aneinanderreiben

Die Mehrheit von euch schließt die Augen und versucht, die Geräusche und die Naturobjekte zu erraten.
Anschließend sprecht ihr darüber, welcher Klang angenehm war und welcher nicht.

3. Variante:

1. Denkt euch noch eine dritte Variante aus und spielt anschließend das Spiel „Naturgeräusche erkennen“ mit verschiedenen Varianten.
2. Wertet eure Erfahrungen aus: Was hat euch an dem Spiel Spaß gemacht und was nicht.
3. *Wir philosophieren:* Erklärt, wodurch sich Naturgeräusche von künstlichen Geräuschen unterscheiden.

Nachdenken über die Eine Welt

HINWEISE FÜR LEHRKRÄFTE

In diesem Kapitel geht es um die Entwicklung kultureller Kompetenz, d. h., die Schülerinnen und Schüler sollen dafür sensibilisiert werden, kulturelle Unterschiede wahrzunehmen und sie als Bereicherung des Zusammenlebens zu betrachten. Zur Wahrnehmung von Unterschieden soll auch die Fähigkeit des Staunens und Entdecken-Wollens in Bezug auch Ungewohntes und Fremdes wie zum Beispiel Feste, Werte und Normen entwickelt werden. Als Methode fungiert hauptsächlich das Fragenstellen, das dazu dient, kulturelle Unterschiede zu erfragen. Zur Vorbereitung können Sie das Kapitel „Interkulturelle Kompetenz" in Barbara Brüning (Hrsg.): Ethik-/Philosophiedidaktik. Praxishandbuch für die Sekundarstufe I und II. Berlin: Cornelsen 2023, 4. überarbeitete Auflage, S. 45–48, lesen.

Die **KV 25** regt die Schülerinnen und Schüler an herauszufinden, was alle Kinder brauchen. Da bereits in der Grundschule auch Kinderrechte vorgestellt wurden, dürfte ihnen diese Aufgabe nicht schwerfallen. Als neues Element bzw. Recherche- und Projektvorschlag sollen die 17 Nachhaltigkeitsziele der UN mit einbezogen werden, die auch soziale Aspekte wie den Kampf gegen Armut, Bildung und Gerechtigkeit umfassen. Sie werden als Vergleichsmaßstab für die eigenen Überlegungen recherchiert. Dazu kann auch ein Erklär-Video der Kinderuni Braunschweig angeschaut werden.

Die **KV 26** führt anhand eines Naturbildes in die Fähigkeit des Staunens ein. Die Schülerinnen und Schüler sollen aufschreiben, worüber sie bei diesem Bild staunen (z. B. Farben, Formen, Licht und Dunkelheit). Sie lernen auch den griechischen Philosophen Aristoteles kennen, für den das Staunen die Voraussetzung für den Wissenserwerb ist. Über Aristoteles sollte ein Kurzporträt erstellt werden. Dazu kann das Buch „Nachgefragt Philosophie" von Christine Schulz-Reiss aus dem Loewe Verlag von 2005 verwendet werden.

Die **KV 27** übt das Fragenstellen. Die Schülerinnen und Schüler sollen von einer neuen Schülerin erfragen, wo sie herkommt, was ihre Hobbys sind usw. Gleichzeitig sollen sie sich auch überlegen, was sie über sich selbst erzählen möchten. Der didaktische Sinn hinter diesem Arbeitsblatt ist die Anregung zum Fragenstellen, da in der Schule von den Schülerinnen und Schülern meistens Antworten erwartet werden.

Die **KV 28** steht in einem engen Zusammenhang mit der **KV 17** (Begriff der Kultur). Sie stellt Gegenstände aus anderen Kulturen (Brasilien, Madagaskar) vor, zu denen die Jugendlichen recherchieren sollen. Die Schülerinnen und Schüler werden angeregt, selbst einen Gegenstand aus ihrem Herkunftsland / ihrer Kultur (auch regionaler Kultur) vorzustellen. Anschließend werden die Gegenstände in einen Kreis gelegt; die Schülerinnen und Schüler erzählen dazu Geschichten. Als Nachdenkaufgabe fungiert ein Ausspruch der amerikanischen Philosophin Martha Nussbaum, der dazu anregt, über die Gleichberechtigung aller Kulturen nachzudenken. Der kulturelle Hintergrund dieser Aufgabenstellung besteht darin, eine Höher- und Niederwertigkeit von Kulturen auszuschließen: Die Kultur des Yanomami-Volkes ist nicht weniger wert als beispielsweise der Bau des Eifelturmes. Völker leben unter unterschiedlichen Bedingungen und bringen unterschiedliche kulturelle Leistungen hervor.

Die **KV 29** beschäftigt sich mit dem Begriff der Menschenwürde. Hier könnte die Lehrkraft darauf hinweisen, dass die Unantastbarkeit der Menschenwürde der Artikel 1 im Grundgesetz ist und somit die Grundlage unseres gesellschaftlichen Zusammenlebens. Anschließend sollen sich die Schülerinnen und Schüler anhand des Textes von Christine Schulz-Reiss ein Symbol für den Begriff „Menschenwürde" ausdenken. Die Lehrkraft könnte auch hier Hilfestellung geben und die Jugendlichen anregen, den Text bildlich umzusetzen: ein Mensch mit einem Dach über dem Kopf, ein Brot (essen), eine Tasse (trinken) usw. Es können auch noch andere Gegenstände wie Kleidung oder ein Bett bzw. ein Dach hinzugefügt werden.

Die **KV 30** ist ein Arbeitsblatt zum Weiterdenken. Es stellt als wichtiges Merkmal der Einen Welt Fair Trade vor. Das heißt, die Schülerinnen und Schüler erfahren, dass Produkte wie Schokolade teurer als andere sein können, weil die Produzentinnen und Produzenten gerechte Löhne in Afrika oder Lateinamerika erhalten. Da diese Produkte ein Fair-Trade-Zeichen aufweisen, sollen die Schüler/-innen in den Supermärkten recherchieren, ob sie Fair-Trade-Produkte finden.

Für die Diskussion (Aufgabe 3) kann den Schülerinnen und Schülern die folgende Definition von Gerechtigkeit gegeben werden, die sie dann auf Fair Trade übertragen können:

Der griechische Philosoph Aristoteles (384–322 v. Chr.) unterschied zwei wichtige Formen der Gerechtigkeit: die austeilende und die ausgleichende Gerechtigkeit. Die ausgleichende Gerechtigkeit richtet sich darauf, möglichst alle Menschen gleichmäßig mit lebensnotwendigen Gütern zu versorgen. Wenn ich also eine Geburtstagtorte habe, dann wäre es gerecht, allen Gästen ein gleich großes Stück von der Torte zu geben. Aber vielleicht gibt es ja einige Gäste, die gar keine Torte mögen und lieber etwas anderes essen wollen. Hier kommt die austeilende Gerechtigkeit ins Spiel. Gerechtigkeit bedeutet nicht nur Gleichbehandlung, sondern auch Ausgleich zwischen einem Zuviel und einem Zuwenig. Wenn jemand keine Torte mag, dann ist es gerecht, ihm etwas anzubieten, das seinem Geschmack und seinen Bedürfnissen entspricht.

Die **KV 31** steht in einem engen Zusammenhang mit der **KV 28** (kulturelle Gegenstände). Die Schülerinnen und Schüler sollen über Reiseerfahrungen und kulturelle Eigenheiten berichten, die sie bei ihren Reisen (ins Ausland) bemerkt haben (Aufgabe 2). Die Aufgaben 1 und 3 können in Zusammenarbeit mit dem Fach Geografie bearbeitet werden. Bei dem Foto handelt es sich um die Altstadt und den Hafen von Dubrovnik.

Die **KV 32** bildet den Abschluss dieses Kapitels. Die Schülerinnen und Schüler erproben in einem Spiel ihre bereits entwickelte interkulturelle Kompetenz: Sie formulieren zunächst als Vorbereitung auf das Spiel schriftlich je eine Spielfrage aus den Bereichen Sprache, Bauwerke und Speisen. Danach wird das Spiel mit der Flasche gespielt; die Jugendlichen sollen zu den vorgegebenen Spielvarianten noch eine zusätzliche entwickeln.
Als Grundlage für weitere Spiele zur interkulturellen Kompetenz dient das Themenheft „Brücken bauen. Lernspiele zur Sozialkompetenz", Berlin: Cornelsen 2024, 2. Auflage.

Eine Welt für alle

© Shutterstock.com/escova

Das brauchen alle Kinder: ______________________________

____

____

____

____

____

____

____

1. Schreibe unter das Bild, was alle Kinder auf der Welt brauchen, unabhängig davon, wo sie leben. Finde mindestens zehn Beispiele. Vergleicht eure Ideen anschließend in der Klasse.
2. Projektvorschlag: Recherchiert die 17 UN-Ziele für Nachhaltigkeit und vergleicht sie mit euren Vorschlägen. Arbeitet Gemeinsamkeiten und Unterschiede heraus. Ihr könnt euch dazu auch das Erklär-Video der Kinderuni Braunschweig anschauen: https://www.youtube.com/watch?v=MZLqaHBwBqM
3. *Wir philosophieren:* Fädelt eine Gedankenkette: *Wir leben alle in einer Welt und ...* Jeder von euch äußert einen Gedanken. Keiner darf wiederholen, was schon gesagt wurde. Versucht zu erreichen, dass eure Kette möglichst lang wird.

Staunen als Ursprung unseres Wissens

© Shutterstock.com/rakib5665

Auf diesem Foto staune ich über ...

Schon gewusst? Staunen

Bereits vor mehr als 2000 Jahren schrieb der griechische Philosoph Aristoteles (384–322 v. Chr.), dass sich die Menschen über viele Dinge auf der Welt wundern: kleine Nebel über dem Ozean, die Sterne am Himmel, die Gewalt des Meeres. Und sie beginnen, Fragen an die Welt zu stellen und nach Antworten darauf zu suchen. Die Tätigkeiten Staunen und Fragen bilden nach Ansicht von Aristoteles deshalb auch die Basis für unser Wissen über die Welt.

1. Schreibe auf, worüber du auf diesem Bild staunst. Vergleicht eure Ergebnisse zu zweit.
2. Informiert euch über Aristoteles und erarbeitet über ihn ein Kurzporträt.
3. *Wir philosophieren:* Erklärt mündlich anhand eines Beispiels, warum Staunen und Fragenstellen die Grundlage unseres Wissens über die Welt bilden.

Fragen stellen – Ungewohntes erforschen

In Jonathans Klasse kommt eine neue Schülerin aus Polen. „Überlegt euch einige Fragen", sagt Jonathans Klassenlehrerin, „was ihr von Agata wissen möchtet". Und denkt auch darüber nach, was ihr Agata von euch erzählen wollt.

Meine Fragen an Agata:

1. ____________________

____

2. ____________________

____

3. ____________________

____

4. ____________________

____

Was ich Agata über mich erzählen möchte:

1. ____________________

____

2. ____________________

____

3. ____________________

____

4. ____________________

____

1. Schreibt jeder vier Fragen auf, die ihr Agata stellen möchtet. Lest sie einander vor und versucht sie zu beantworten.
2. Überlegt euch anschließend, was ihr einer neuen Schülerin oder einem neuen Schüler über euch erzählen würdet. Wählt vier wichtige Eigenschaften oder Tätigkeiten aus. Tragt eure Ideen in der Klasse vor.
3. *Wir philosophieren:* Sprecht darüber, was euch mehr Spaß gemacht hat: Fragen zu stellen oder Antworten (über euch) zu geben.

Was für Kinder in anderen Ländern wichtig ist

© Shutterstock.com/Lubo Ivanko

In Ainas Land Madagaskar sehen die Friedhöfe wie kleine Museen aus. Geschnitzte und bemalte Holz-Skulpturen erzählen ein besonderes Ereignis aus dem Leben der Toten.

© Shutterstock.com/Brarymi

Shila wohnt im Urwald in Brasilien. Ihr Zuhause ist ein Shabono. Das ist ein aus Holz und Palmenblättern gebautes Gemeinschaftsgebäude des Yanomami-Volkes.

Klebe hier ein Foto ein.

1. Klebe ein Foto von einem Gegenstand auf, der für dich und deine Kultur besonders wichtig ist. Schreibe einige Gedanken dazu. Legt eure Arbeitsblätter anschließend in einen Kreis und erzählt Geschichten über eure Gegenstände.
2. Recherchiert zur Totenkultur in Madagaskar und zu den Yanomani am Amazonas. Gestaltet dazu digitale Präsentationen.
3. *Wir philosophieren:* Die amerikanische Philosophin Martha Nussbaum (geb. 1947) meint, dass jede Kultur wertgeschätzt werden sollte (siehe hierzu auch die **KV 17**). Wie versteht ihr diesen Gedanken?

Was heißt Menschenwürde?

Schon gewusst? Menschenwürde
Eines Menschen würdig ist es, zu bekommen, was er fürs Leben braucht. Das fängt mit Essen und Trinken an, denn Hunger und Durst machen krank. Gesundheit ist die Grundvoraussetzung für ein unversehrtes Leben, genauso wichtig sind ein Dach überm Kopf und Kleidung, die uns vor Hitze, Kälte und den aufdringlichen Blicken der anderen schützt. Jeder Mensch muss etwas lernen können, und zwar mehr als Lesen und Schreiben.

Christine Schulz-Reiss, Journalistin

Christine Schulz-Reiss: Nachgefragt: Menschenrechte und Demokratie. Basiswissen zum Mitreden. Zentralen für politische Bildung. Aktualisierte Auflage 2018, S.13.

Jeder Mensch sollte lernen, ...

____

____

____

1. Gestalte in der Umrandung ein Symbol zur Menschenwürde. Orientiere dich dabei an dem Text „Menschenwürde". Legt eure Zeichnungen in einen Kreis, und verständigt euch über die große Bedeutung der Menschenwürde.
2. Schreibe auf, was jeder Mensch außer dem Lesen und Schreiben noch lernen sollte. Diskutiert darüber anschließend in der Klasse.
3. *Wir philosophieren:* Das Lernen gehört nach Christine Schulz-Reiss auch zur Menschenwürde. Sammelt dafür Argumente an der Tafel oder dem Whiteboard.

Weiterdenken: Gerecht handeln – Fair Trade

Zu fairem Handel, englisch Fair Trade, kann jeder Konsument im Westen selbst beitragen. Du auch. Und deine Eltern. Nehmen wir Kaffee oder Schokolade. Die Rohprodukte kommen meist aus Afrika oder Südamerika. Wir kaufen die Sachen im Supermarkt günstig, beim Discounter sogar richtig billig. Bei den Bauern in Peru oder Tansania kommt da wenig Geld an. Anders ist es etwa bei der Organisation Gepa. Sie zahlt Bauern in Entwicklungsländern mehr für ihre Ernte. Beim normalen Supermarkt-Kaffee bekommt der Bauer oft weniger als 10 Prozent des Preises, den der Käufer zahlt. Von der Gepa, The Fair Trade Company, bekommt der Bauer bei einer Biokaffeesorte 25 Prozent. Mit Schokolade ist es ähnlich. Die Organisation zahlt den Bauern knapp doppelt so viel wie den Weltmarktpreis. Dadurch fließt Geld in bessere Qualität oder in Ausbildung.
Damit das geschieht, müssen deutsche Käufer mehr für ihren Kaffee bezahlen. Auch für Tee, Honig, Reis oder T-Shirts. Und deine Schokolade. Dafür ist sie richtig gut, und dein Gefühl dabei auch.

Alexander Hagelüken, Wirtschaftswissenschaftler

Alexander Hagelüken: Wirtschaft für Kids. Eine etwas andere Einführung in die Ökonomie. München: C. H. Beck, 2022, 2. Auflage, S. 17–19.

Fair gehandelte Produkte

1. Recherchiere im Supermarkt oder im Internet, welche Produkte für Kinder und Jugendliche fair gehandelt werden. Schreibe sechs Produkte in die Kreise. Vergleicht eure Ergebnisse in der Klasse.
2. Tauscht euch mündlich darüber aus, warum Fair Trade insbesondere den Produzentinnen und Produzenten in den Herkunftsländern hilft, für uns hier in Deutschland aber teurer ist.
3. *Wir philosophieren:* Erklärt, warum Fair Trade etwas mit Gerechtigkeit in der Einen Welt zu tun hat.

Reiseerfahrungen in anderen Ländern

© Shutterstock.com/SchnepfDesign

Bastian war mit seinen Eltern in Kroatien im Urlaub am Meer. „Und was ist dort anders als hier?“, fragt seine Mitschülerin Nadine, als nach den Sommerferien die Schule wieder beginnt. „Die Menschen sprechen eine andere Sprache und essen teilweise auch andere Gerichte; ich habe ganz oft Pljeskavica gegessen, das ist ein kroatischer Burger. Und im Radio läuft auch teilweise andere Musik. Aber mit Roko habe ich mich am Strand gut verstanden. Wir haben mit Händen und Füßen gesprochen.“

Wenn ich in ein fremdes Land reise, dann achte ich auf ...

1. Findet zu zweit heraus, was auf dem Foto zu sehen ist. Erarbeitet dazu eine mündliche Präsentation und stellt sie in kleinen Gruppen vor.
2. Schreibe auf, worauf du besonders achtest, wenn du in ein fremdes Land reist. Wertet eure Beobachtungen in der Klasse aus.
3. Informiert euch in Zusammenarbeit mit dem Geografieunterricht über Kroatien.
4. *Wir philosophieren: Wenn einer eine Reise tut, dann sollte er oder sie ...* Gestaltet eine Gedankenkette. Jeder präsentiert einen Gedanken. Keiner darf wiederholen, was schon gesagt wurde.

Wir sind international

Ihr setzt euch in einen Kreis. In der Mitte dreht jemand eine leere Flasche und stellt eine Frage zu einem anderen Land. Derjenige, auf den die Flasche zeigt, muss nun die Frage beantworten, z. B.: „Welche Speise aus der Türkei/Italien isst du besonders gern?“ Wenn er oder sie die Frage nicht beantworten kann, ist jemand anderes an der Reihe. Wer die Frage richtig beantwortet, darf die nächste stellen und die Flasche drehen. Vor Beginn des Spiels solltet ihr Themenbereiche festlegen, zu denen die Fragen gestellt werden, z. B. Speisen, Sprachen, Bauwerke, Landschaft oder Popsongs.

Meine Fragen zu ...

1. Sprachen:

____

____

2. Bauwerken:

____

____

3. Speisen:

____

____

4. Landschaft:

____

____

5. Popsongs:

____

____

1. Schreibe jeweils zwei Fragen zu den genannten Bereichen auf, die du während des Spiels stellen kannst.
2. Spielt nun das Spiel und denkt euch noch eine Spielvariante aus, zum Beispiel, dass jemand ein ausländisches Lied singen muss.
3. *Wir philosophieren:* Unser Zahlensystem von 1 bis 9, ergänzt durch 0, hat seinen Ursprung vermutlich im indisch-arabischen Raum. Stellt euch vor, wir hätten keine Zahlen, wie sähe dann unsere Welt aus? Stellt eure Ideen dazu in der Klasse vor.

II | Selbstbild und Fremdbild

HINWEISE FÜR LEHRKRÄFTE

Im Mittelpunkt des Kapitels „Selbstbild und Fremdbild" für die Klassen 7–10 steht die Achtsamkeit im Sinne von Wahrnehmung und Akzeptanz der eigenen Persönlichkeit. Eigenschaften, Werte und Hobbys sollen wahrgenommen und reflektiert werden. Methodisch spielen die phänomenologische Methode des Philosophierens im Sinne von Wahrnehmen, Beobachten und Beschreiben sowie die Fähigkeit zur Selbstreflexion eine wichtige Rolle: Was ist mir wichtig? Was sind meine Ziele und Wünsche und wie will ich sie erreichen? Was habe ich bisher gut gemacht und was sollte ich ändern?

Die **KV 33** beschäftigt sich mit den äußeren und inneren Eigenschaften der eigenen Person, die in einem Akrostichon „geordnet" werden sollen. Anschließend werden die Arbeitsblätter zu zweit getauscht. Die Schülerinnen und Schüler verständigen sich darüber, ob der Nachbar oder die Nachbarin das Selbstbild des Akrostichons teilt oder andere Eigenschaften vorschlägt. Im Kurs wird abschließend darüber diskutiert, warum sich Selbst- und Fremdbild unterscheiden können (unterschiedliche Blickwinkel, unterschiedliche Auffassungen davon, was wichtig ist, etc.). Die Begriffe Selbst- und Fremdbild werden erst in der **KV 34** eingeführt, die in einem engen Zusammenhang mit der **KV 33** steht.

Die **KV 34** vertieft die Unterscheidung zwischen Selbst- und Fremdbild. Jetzt schreiben die Nachbar-/innen zwei Stärken und Schwächen auf; das beiderseitige Gespräch sollte sich dann hauptsächlich auf die Schwächen beziehen (die Stärken wurden schon in der **KV 33** in den Mittelpunkt gestellt). Diskutiert werden sollte abschließend in der Aufgabe 4 darüber, ob es überhaupt sinnvoll ist, sich gegenseitig auf Schwächen aufmerksam zu machen. Dazu sollten Pro-Argumente (z. B. „Dann weiß ich, was die anderen an mir nicht so gut finden") und Kontra-Argumente („Über Schwächen zu sprechen, kann auch verletzend sein") an der Tafel oder dem Whiteboard gesammelt und abschließend bewertet werden.

Die **KV 35** ist ein Arbeitsblatt zum Weiterdenken mit dem Schwerpunkt Selbstreflexion. Die Jugendlichen wählen eine der gestellten Fragen aus und beantworten sie schriftlich. Alle Fragen werden dann in der Klasse vorgelesen und beantwortet. Sollte eine Frage von den Schülerinnen und Schülern nicht gewählt worden sein, sollte über die Gründe gesprochen werden. Die Frage wird dann von allen zusammen beantwortet. Auch die Aufgabe zum Philosophieren sollte Gegenstand des Unterrichts sein: Die Jugendlichen werden angeregt, sich darüber auszutauschen, warum das Nachdenken über sich selbst wichtig ist, denn viele können zwar das Verhalten von anderen bewerten, nicht aber das eigene.

Die **KV 36** stellt die negativen Aspekte ichbezogenen Verhaltens zur Diskussion: Die Schülerinnen und Schüler werden ermuntert, darüber nachzudenken, ob es moralisch richtig ist, sich in den Vordergrund zu stellen oder andere abzuwerten, weil man ja einer „stärkeren Gruppe" angehört. Sie werden angeregt, selbst noch eine negative Form ichbezogenen Verhaltens zu finden. Im Unterricht sollte abschließend unbedingt darüber gesprochen werden, warum ichbezogenes Verhalten das Zusammenleben in einer Gemeinschaft beeinträchtigt, u. a. durch ausgrenzendes und diskriminierendes Handeln („Ich bestimme, wie etwas gemacht wird").

Die **KV 37** beinhaltet das Thema Wertschätzung anderer Menschen. Die Schülerinnen und Schüler schreiben zehn Eigenschaften auf, die sie an anderen besonders schätzen; die Eigenschaft Mut haben wir bereits vorgegeben; andere Eigenschaften sind zum Beispiel Ehrlichkeit,

Hilfsbereitschaft, Fleiß, Einfühlsamkeit, Freundlichkeit oder Humor. Anschließend wird ein Ranking vorgenommen, d. h., die Jugendlichen wählen die fünf wichtigsten Eigenschaften in der Reihenfolge 1 bis 5 aus und begründen anschließend, warum sie eine bestimmte Eigenschaft an die erste Stelle gesetzt haben. Die didaktische Intention des Arbeitsblattes besteht darin, darüber nachzudenken, was ich an einem anderen Menschen besonders schätze.

Die **KV 38** beschäftigt sich mit der Problematik der schnellen Informationen im Netz. Sie will dazu anregen, auch in Bezug auf digitale Informationen Achtsamkeit walten zu lassen, insbesondere, wenn es um die Auswahl von Videospielen geht, die auch kleingedruckte Informationen enthalten können, die auf die Kostenpflichtigkeit eines Spiels verweisen. Die Schülerinnen und Schüler sollen sich zunächst überlegen, was Janas Schwester sagen könnte. Anschließend beschäftigen sie ich mit dem Text von Manfred Theisen und fassen ihn mit eigenen Worten zusammen. Fragen für eine abschließende Diskussion könnten zum Beispiel sein:

Warum ist es wichtig, Informationen im Netz genau zu prüfen?
Warum ist es wichtig, sich im Voraus genau zu überlegen, welche Informationen über die eigene Persönlichkeit im Netz verbreitet werden?
Könnt ihr im Internet immer genau die Identität eine Person erkennen?
Wie verhaltet ihr euch, wenn ihr feststellt, dass jemand eine falsche Identität verwendet?

Die **KV 39** stellt als Arbeitsblatt zum Weiterdenken den Begriff der Achtsamkeit vor, mit den Bedeutungen wahrnehmen, beobachten, sich konzentrieren und den Augenblick genießen, vor allem auch den „kleinen Augenblick“ im Alltag. Die Schülerinnen und Schüler sollen eine künstlerische Form finden, um einen selbst erlebten Augenblick zu beschreiben. Anschließend sollen sie die Bedeutung des Wortes Achtsamkeit recherchieren und die Definition auf dem Arbeitsblatt ergänzen. Diskutiert werden könnte abschließend der Zusammenhang zwischen Achtsamkeit und Langsamkeit.

KV 40: Wir schließen das Kapitel mit einem Arbeitsblatt zum Weiterdenken in Bezug auf das Thema Zukunft ab. Das Gedicht „Was, wenn?“ von Brigitte Schär erfordert von den Schülerinnen und Schülern Kreativität. Sie sollen sich eine abschließende Strophe ausdenken, die in der Klasse vorgetragen wird. Diskutiert werden könnte in Aufgabe 2, ob es wichtig ist, sich schon heute mit der eigenen Zukunft zu befassen? Zugespitzt wird diese Frage dann durch die Aufgabe 3 zum Philosophieren: Was wäre, wenn ich schon heute wissen könnte, was in Zukunft passiert? Würde ich mich dann anders verhalten? Würde ich dann überlegter handeln? Gäbe es dann keine Spontaneität mehr? Die Schülerinnen und Schüler haben die Möglichkeit, sich über dieses Gedankenexperiment auszutauschen.

Mein Selbstbild

© Shutterstock.com/Prostock-studio

S –

E – e i n f ü h l s a m

L –

B –

S –

T –

B –

I –

L –

D –

1. Schreibe innere und äußere Eigenschaften in Form von Adjektiven auf, die typisch für dich sind: Äußere Eigenschaften umfassen die äußere Erscheinung (z. B. Aussehen, Größe) und innere Eigenschaften den Charakter und besondere Stärken, die jeder Mensch hat.
2. Tauscht nun das Arbeitsblatt mit eurem Nachbarn oder eurer Nachbarin, die einen Blick darauf werfen. Sprecht anschließend zu zweit darüber, ob sie euch möglicherweise anders einschätzen. (Die Fortsetzung folgt auf der **KV 34**.)
3. *Wir philosophieren:* Erklärt, wie es sein kann, dass andere Menschen euch anders einschätzen als ihr selbst.

Durch eine andere Brille schauen

© stock.adobe.comSpicyTruffel

Schon gewusst? Selbstbild und Fremdbild

Ein Selbstbild umfasst die Einschätzung, die ihr selbst von euch gebt, also das Gesamtbild eurer Stärken und Schwächen. Ein Fremdbild bringt die Sichtweise anderer Menschen auf eure Persönlichkeit zum Ausdruck. Es beschreibt, wie andere eure Stärken und Schwächen wahrnehmen und beurteilen.

1. Schreibe nach dem Gespräch mit deinem Nachbarn oder deiner Nachbarin (**KV 33**) in die erste Brille zwei Stärken, die du an ihm oder ihr besonders schätzt.
2. Notiere in der zweiten Brille zwei Schwächen deines Nachbarn oder deiner Nachbarin, die dir besonders aufgefallen sind.
3. Tauscht nun die Arbeitsblätter. Sprecht anschließend zu zweit insbesondere über eure Schwächen und darüber, wie ihr damit umgehen wollt.
4. *Wir philosophieren:* Dürfen sich Mitschüler-/innen gegenseitig auf ihre Schwächen aufmerksam machen, oder sollte darüber in der Klasse nicht geredet werden? Begründet euren Standpunkt.

Weiterdenken: Fragen zum Ich

© Shutterstock.com/Fagreia

1. Suche dir eine Frage aus und beantworte sie schriftlich.
2. Bildet kleine Gruppen: Lest die Fragen vor und beantwortet sie gegenseitig.
3. *Wir philosophieren:* Warum ist es wichtig, ab und zu über sich selbst nachzudenken? Begründet euren Standpunkt.

Darf ich mich selbst in den Vordergrund stellen?

1. Besonders sein, auffallen um jeden Preis

____

____

____

2. Besser sein wollen als andere

____

____

____

3. Andere abwerten

____

____

____

4. Einer überlegenen Gruppe angehören

____

____

____

5. ____

____

____

____

1. Finde Beispiele aus der Schule oder anderen Gemeinschaften für derartiges Verhalten. Ergänze unter 5. noch einen Bereich mit Beispielen. Vergleicht eure Ergebnisse in der Klasse.
2. Begründet mündlich, warum sich manche Jugendliche so verhalten.
3. Beratet darüber, wie ihr dieses ichbezogene Verhalten ändern könnt. Sammelt dazu Vorschläge an der Tafel oder dem Whiteboard.
4. *Wir philosophieren:* Erklärt, warum ichbezogenes Verhalten das Zusammenleben mit anderen Menschen stört.

Eigenschaften, die ich schätze

Mut

Begründung:

____

____

____

____

1. Schreibe in die Kästen zehn Eigenschaften, die du an anderen Menschen besonders schätzt. Vergleicht eure Ergebnisse zu zweit.
2. Nimm nun ein Ranking vor: Versieh die fünf wichtigsten Eigenschaften mit den Ziffern 1 bis 5. Vergleicht eure Ergebnisse wiederum zu zweit.
3. *Wir philosophieren:* Begründet schriftlich, warum ihr die Eigenschaft mit der Ziffer 1 an die erste Stelle gesetzt habt. Wertet eure Begründungen mündlich in der Klasse aus.

Genau hinschauen

© Shutterstock.com/Anton27

Jana hat im Internet ein neues Videospiel entdeckt. Sie will schon den Button für „Bestellen“ drücken, als ihre große Schwester ins Zimmer kommt und sagt:

____

____

____

____

Schon gewusst? Entscheidungen treffen

Wichtig bei der Bewertung von Informationen ist die Zeit, die du dir zum Erfassen von Informationen nimmst. Viele Entscheidungen im Netz haben eine große Tragweite für dich. Was spielt es schon für eine Rolle, ob du ein Video likst oder nicht? Du entscheidest also in Sekundenschnelle. Da du aber tagtäglich eine Menge solcher belanglosen Entscheidungen triffst, gewöhnst du dir bald an, einfach immer aus dem Bauch heraus zu entscheiden – auch bei wichtigen Dingen wie etwa der Wahl des Schulpraktikums oder bei einer Kaufentscheidung. Das ist problematisch, denn manch eine Wahl, die du triffst, lässt sich nicht durch einen einfachen Klick wieder rückgängig machen.

Manfred Theisen, Medienjournalist

Manfred Theisen: Nachgefragt: Medienkompetenz in Zeiten von Fake News. Basiswissen zum Mitreden. Landeszentralen für politische Bildung 2019, S. 98.

1. Schreibe auf, was Janas Schwester sagen könnte. Wenn dir nichts einfällt, lies den Text „Entscheidungen treffen“ oben. Vergleicht eure Ideen in der Klasse.
2. Sagt mit eigenen Worten, warum schnelle Entscheidungen im Internet problematisch sein können.
3. *Wir philosophieren:* Fädelt eine Gedankenkette: *Man sollte genauer hinschauen, bevor man …* Jeder äußert einen Gedanken. Keiner darf wiederholen, was schon gesagt wurde.

Weiterdenken: Achtsamkeit

Schon gewusst? Was ist Achtsamkeit?

Der Begriff „Achtsamkeit“ kommt aus dem Buddhismus. Damit ist gemeint, dass Menschen lernen sollten, sich auf sich selbst, die Natur und ihre Mitmenschen zu konzentrieren. Wahrnehmen, umsichtig und aufmerksam sein, sind Tätigkeiten, mit denen dieses Verhalten beschrieben werden kann. Im Vordergrund des Denkens und Handelns sollten positive Werte wie Glück und Mitgefühl stehen, anstelle von negativen Werten wie Wut und Angst. Dabei spielt auch der besondere alltägliche Augenblick eine Rolle: zum Beispiel eine Blume betrachten oder einen Menschen umarmen.

Achtsamkeit ______________________________

____

____

1. Schreibe einen besonders schönen Augenblick aus deinem Leben in die Lupe; du kannst ihn auch zeichnen. Erzählt euch gegenseitig, warum ihr diesen Augenblick als schön erlebt habt.
2. Recherchiert zu zweit die Wortbedeutung von Achtsamkeit. Fasst oben mit eigenen Worten schriftlich zusammen, was dieser Begriff zum Ausdruck bringt.
3. *Wir philosophieren:* Häufig wird Achtsamkeit in einen Zusammenhang mit Langsamkeit gestellt. Erklärt, warum.

Weiterdenken: Meine Zukunft

Was, wenn?

Wenn ich einmal nicht mehr
in dieser Stadt wohne,
wo wird es dann sein?
In was für Wohnungen
von was für Leuten
werde ich dann wohl
von meinem Fenster aus sehen?
Was für Menschen
werden mich
auf der Straße begrüßen
und mich fragen,
wie es geht?

Wenn ich einmal nicht mehr
zur Schule gehe,
wohin gehe ich dann jeden Tag?
Werde ich eine Arbeit haben,
die ich gern tue, oder
fürchte ich mich vor jedem Tag?

Wenn ich meine Eltern einmal
nicht mehr brauche wie jetzt,
weil ich erwachsen geworden bin,
was brauche ich dann?

Wenn einmal alles nicht mehr
so ist, wie es jetzt ist,
dann ...

Brigitte Schär

Brigitte Schär: was, wenn? In: Hans-Joachim Gelberg (Hrsg.): Großer Ozean. Weinheim: Beltz & Gelberg 2000; S. 92.

... dann ______________________________

____

____

____

____

____

____

____

____

____

1. Ergänze schriftlich die letzte Strophe aus dem Gedicht und erzähle darin, wie dein Leben dann sein wird. Lest eure Gedanken einander vor.
2. Haltet ihr es für wichtig, schon heute darüber nachzudenken, wie euer Leben morgen sein wird. Begründet euren Standpunkt mündlich.
3. *Wir philosophieren:* Würdet ihr es gut finden, wenn ihr schon heute wissen könntet, was in Zukunft passiert. Begründet eure Ablehnung oder Zustimmung.

Achtsamkeit leben

HINWEISE FÜR LEHRKRÄFTE

In diesem Kapitel stehen Wahrnehmung und Werte als Grundlage der Wertschätzung anderer im Mittelpunkt der Reflexion; sie bilden das Kernstück sozialer Achtsamkeit. Durch Unterrichtsgespräche und Caring Thinking (u. a. Mitgefühl, Fürsorge, Empathie) sollen die Schülerinnen und Schüler den Blick auf sich und andere schärfen.

Die **KV 41** stellt die drei Dimensionen der Wertschätzung nach Immanuel Kant vor: Wertschätzung für sich, für andere Menschen und für andere Völker. Die Schülerinnen und Schüler sollen hierzu Beispiele finden, um die abstrakten Gedanken des Zitats zu konkretisieren. Abschließend soll überlegt werden, ob eine vierte Dimension ergänzt werden kann, die zu Kants Zeit noch keine große Rolle gespielt hat: Wertschätzung für die Natur als Lebensgrundlage des Menschen. Dieses Thema wird im dritten Kapitel weitergeführt.

Auf der **KV 42** beschäftigen sich die Schülerinnen und Schüler mit dem Kern der Wahrnehmung, zu der Sinne und Denken gleichermaßen gehören. Diese Kopiervorlage ist sehr komplex und gilt deshalb als Arbeitsblatt zum Weiterdenken und als Basis für wertschätzendes Denken **(KV 43–45)**. Die Jugendlichen sollen bei den Aussagen ankreuzen, welche zutreffen und welche nicht; die Auswertung erfolgt dann im Unterrichtsgespräch. Bei der Aufgabe zum Philosophieren soll in Zusammenarbeit mit dem Biologieunterricht recherchiert werden, wie der Wahrnehmungsvorgang im Gehirn abläuft. Dazu könnte auch ein Kurzreferat gehalten werden.

Die Aussagen 1 und 2 treffen nicht zu, da der Wahrnehmungsvorgang mit allen Sinnen erfolgt; die Aussage 4 ist ebenfalls nicht richtig, da Menschen bei der Wahrnehmung auch eigene Erfahrungen mit einbringen und unterschiedliche Wahrnehmungsakzente mit unterschiedlichen Sinnen setzen.

Die **KV 43** führt den Begriff „Werte“ ein und stellt verschiedene Wertegruppen vor. Die Schülerinnen und Schüler ergänzen zunächst acht Werte, die sie für das Zusammenleben in Gemeinschaften als wichtig erachten. Anschließend wird darüber diskutiert, welche Werte insbesondere für das Zusammenleben von Menschen gelten sollten. Dazu könnte anschließend ein Tafelbild bzw. ein Schema auf dem Whiteboard erarbeitet werden.

KV 44 führt den Begriff der Menschenwürde nach Immanuel Kant ein. Der Philosoph unterscheidet Dinge, die einen Marktpreis haben und ersetzt werden können, von inneren Werten des Menschen, die unersetzlich sind. Hierfür sollen die Schülerinnen und Schüler Beispiele finden, damit sie diese Unterscheidung vertiefen. Die Aufgabe zum Philosophieren erfordert einen intensiven Nachdenkprozess: Es soll darüber diskutiert werden, ob auch Roboter, wie zum Beispiel die Roboterfrau Sophia, die menschenähnlich aussieht und auf dem Airport von Riad Fluggäste berät, eine Menschenwürde besitzen. Nach Kants Auffassung hat sie keine Menschenwürde, da sie nicht ihren Zweck in sich selbst hat, sondern von Konstrukteur-/innen (den Menschen) als Kommunikationsmittel entwickelt wurde. Für das Unterrichtsgespräch sollte ein Bild von Sophia aus dem Internet heruntergeladen werden.

Die **KV 45** beinhaltet ein Wertschätzungsspiel. Die Jugendlichen werfen einen (Tennis)Ball zu einer Mitschülerin oder einem Mitschüler und drücken ihre Wertschätzung für sie oder ihn aus. Vorher überlegen sie sich noch eine zusätzliche Wertschätzungsformel. Während des Spiels werden die mimischen und gestischen Reaktionen der Wertgeschätzten beobachtet und anschließend in einem Unterrichtsgespräch ausgewertet.

Die **KV 46** steht in direktem Zusammenhang mit der **KV 45**, da sie sich mit dem Thema Geringschätzen beschäftigt. Die Schülerinnen und Schüler nehmen die Perspektive von Alina ein und überlegen sich, wie sie selbst auf eine abwertende Reaktion zu Claras neuer Bluse positiv reagieren würden. Die Intention des Arbeitsblattes besteht darin zu simulieren, wie jemand in einer ähnlichen Situation auf geringschätzendes Verhalten reagieren könnte. Die Aufgabe zum Philosophieren soll zum Nachdenken darüber anregen, welchen Einfluss abwertende Bemerkungen auf das Klassenklima haben können.

Die **KV 47** setzt die Problematik des abwertenden Verhaltens fort, zu dem auch die Lüge gehört. Sie will die Schülerinnen und Schüler anregen, darüber nachzudenken, ob Lügen generell moralisch schlecht sind oder ob sie in bestimmten (Not)Situationen auch eine entlastende Funktion haben können. Die Jugendlichen positionieren sich zu Jonas´ Lüge über die Deutscharbeit, mit der er seinen Freund Martin zunächst entlasten möchte. Sie müssen entscheiden, ob die „Verzögerung der Wahrheit" moralisch gerechtfertigt ist. Die Philosophin Agnes Heller hält Lügen generell für unanständig: Darüber sollten sich die Schülerinnen und Schüler in einem Unterrichtsgespräch verständigen.

KV 48: Das Kapitel endet mit einem Kärtchen-Spiel zum Thema Wertschätzen und Geringschätzen, das von den Jugendlichen Kreativität erfordert. Die Schülerinnen und Schüler ergänzen zunächst auf dem Arbeitsblatt acht Eigenschaften zu beiden Verhaltensweisen. Danach werden kleine Gruppen gebildet und die Eigenschaften auf Kärtchen geschrieben. Die Gruppen denken sich nun ein Spiel mit den Kärtchen aus. Die Lehrkraft sollte vorschlagen, zunächst über mögliche Spielregeln nachzudenken und diese aufzuschreiben. Es besteht auch die Möglichkeit, vorher in der Klasse gemeinsam Spieleregeln aufzustellen, nach denen dann alle Gruppen spielen. Auf jeden Fall sollte zum Abschluss darüber diskutiert werden, was einfacher gewesen ist: jemanden wertzuschätzen oder geringzuschätzen. Die Lehrkraft sollte während des Gesprächs auf Begründungen achten.

Ich – Du – Wir

Bereits Kinder sollten lernen:
In unserer Seele ist etwas,
dass wir Interesse nehmen:
an unserem Selbst,
an andern, mit denen wir
aufgewachsen sind,
und dann muss noch ein Interesse
am Weltbesten
und andern Völkern stattfinden.

Immanuel Kant

Immanuel Kant: Grundlegung der Metaphysik der Sitten. Stuttgart: Reclam, S.114.

Schon gewusst? Drei Dimensionen der Achtsamkeit

Der Philosoph Immanuel Kant (1724–1804) hat drei Dimensionen der Achtsamkeit formuliert: Achtsamkeit für sich selbst, für andere und für das „Weltbeste", d. h. für den Staat und andere Völker.

Bei mir selbst achte ich besonders auf ______________________

____

____

Bei anderen achte ich besonders auf ______________________

____

____

Bei anderen Völkern achte ich besonders auf ______________________

____

____

1. Lest die Gedanken von Immanuel Kant laut in der Klasse vor. Sagt mit eigenen Worten, worauf es Kant ankommt.
2. Schreibe auf, worauf du bei dir, bei anderen und im Hinblick auf andere Völker besonders achtest. Tragt eure Ideen in der Klasse vor.
3. *Wir philosophieren:* Versucht, die Gedanken von Kant mündlich durch eine vierte Dimension zu ergänzen. Kant betrachtet uns Menschen, aber was fehlt noch?

Weiterdenken: Die Welt wahrnehmen

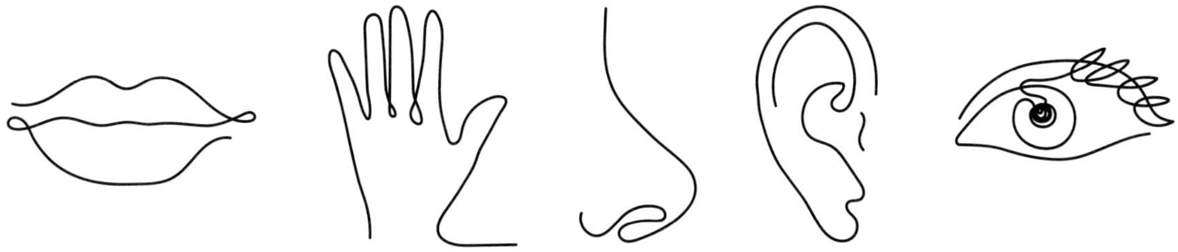

© Shutterstock.com/ Tatgynsy

Schon gewusst: Wahrnehmen

Mithilfe der Sinne sind Menschen in der Lage, Dinge und Lebewesen ihrer Außenwelt zu erfassen: das Fell eines Fuchses oder die Farbe einer Rose. Sie nehmen diese Dinge so auf, wie sie ihnen momentan erscheinen: Die Farbe einer roten Rose kann für jemanden einen tiefroten Ton haben und für einen anderen eher einen blässlich roten. Der griechische Philosoph Aristoteles (384–322 v. Chr.) unterschied zwei große Gruppen von Wahrnehmungen: die sinnliche Wahrnehmung und die geistige Wahrnehmung. Die sinnliche Wahrnehmung ist für ihn die Grundlage der geistigen Wahrnehmung: Ich muss die Rose im Garten erst betrachten, bevor ich mir mithilfe der Vorstellung ein Bild von ihr machen kann. Die Rose existiert dann in meiner Vorstellung weiter, auch wenn sie schon längst verblüht ist.

	Ja	Nein
1. Die Welt nehmen wir mit den Augen wahr.		
2. Wir brauchen zum Wahrnehmen zweierlei: sehtüchtige Augen und einen Gegenstand.		
3. Wahrnehmen und Denken hängen zusammen.		
4. Alle Menschen nehmen das Gleiche wahr.		
5. Wir können unsere Wahrnehmungen nicht beeinflussen.		
6. Ohne Wahrnehmungen gibt es kein Denken.		
7.		

1. Beantworte die Aussagen mit Ja oder Nein. Vergleicht eure Ergebnisse zu zweit.
2. Formuliere selbst noch eine Aussage zur Wahrnehmung. Stellt euch eure Aussagen gegenseitig vor.
3. *Wir philosophieren:* Sprecht in Zusammenarbeit mit dem Biologieunterricht darüber, wie ihr (im Gehirn) wahrnehmt. Ihr könnt dazu auch im Netz recherchieren Berücksichtigt auch die Gedanken von Aristoteles.

Gut zusammenleben

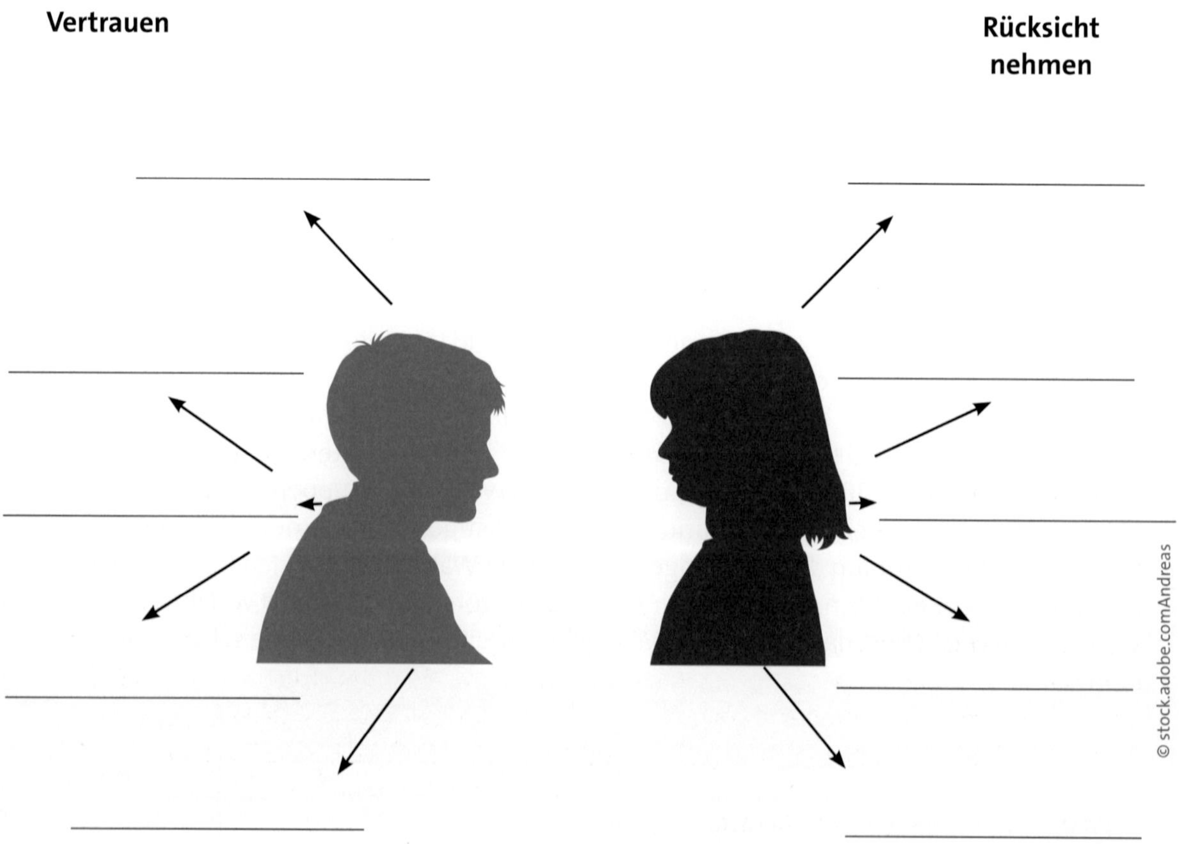

© stock.adobe.comAndreas

Schon gewusst? Was sind Werte?

Der Begriff „Werte“ hat etwas mit dem Adjektiv wertvoll zu tun. Denn Werte legen fest, was für einen Menschen oder eine Gruppe von Menschen wertvoll ist und deshalb im Leben als erstrebenswert gilt. So kann ein neues Smartphone wertvoll für mich sein oder auch eine Reise.
Wir unterscheiden verschiedene Gruppen von Werten. So gibt es beispielsweise die Gruppe der sozialen Werte wie z. B. Freundschaft, die Gruppe der geistigen Werte wie z. B. Wissen, die Gruppe der religiösen Werte wie z. B. Glaube oder die Gruppe der materiellen Werte wie z. B. Kleidung.

1. Ergänze oben acht Werte, die für das Zusammenleben von Menschen in der Gesellschaft wichtig sind. Vergleicht eure Ergebnisse zu zweit.
2. Diskutiert darüber, welche der von euch gefundenen Werte insbesondere für das Zusammenleben in eurer Klasse wichtig sind.
3. *Wir philosophieren:* Anna hat im Unterricht die Frage gestellt, warum Menschen überhaupt Werte brauchen. Versucht, die Frage mündlich zu beantworten.

Der Wert eines Menschen

© Shutterstock.com/CHAPLIA YAROSLAV

Schon gewusst: Der Mensch hat eine Würde

Der deutsche Philosoph Immanuel Kant (1724–1804) meinte, dass etwas entweder einen Preis habe oder eine Würde. Alles, was einen Preis habe, könne durch etwas anderes ersetzt werden. Der Mensch allerdings könne nicht ersetzt werden, denn er habe eine Würde.
Geschicklichkeit und Fleiß im Arbeiten haben nach Ansicht von Kant einen Marktpreis; Treue im Versprechen und Wohlwollen dagegen nicht. Sie haben aber einen inneren Wert. Für Kant hat die ganze Menschheit eine Würde, denn der Mensch kann nach seiner Auffassung von niemandem (weder von anderen noch von sich selbst) bloß als Mittel gebraucht werden; er hat seinen Zweck in sich selbst, und zwar deshalb, weil er sich über alle anderen Weltwesen, die nicht Menschen sind, und über alle Sachen erhebt.

Einen (Markt)Preis haben ...

____

____

____

Innere Werte sind ...

____

____

____

1. Erklärt mithilfe des Textes mündlich, was Immanuel Kant unter der Würde des Menschen versteht.
2. Unterscheide schriftlich Dinge, die einen Marktwert haben, von inneren Werten. Vergleicht eure Ergebnisse in der Klasse.
3. *Wir philosophieren:* Mark ist der Meinung, dass es eines Tages menschenähnliche Roboter geben wird, die „ganz normal" in unserer Gesellschaft leben. Haben diese dann auch eine Würde? Überlegt, was Kant dazu sagen könnte.

Spielvorschlag: Andere wertschätzen

Stellt euch in einen Kreis und werft euch einen (Tennis)Ball zu. Wer den Ball erhält, wählt einen Schüler oder eine Schülerin aus der Gruppe aus und spricht ihm oder ihr gegenüber eine wertschätzende Bemerkung aus. Dazu könnt ihr folgende Formulierungen verwenden:

Ich finde es gut, ... (Name einsetzen), dass du ...

Ich schätze besonders an dir, ... (Name einsetzen), dass du ...

Nach meiner Ansicht kannst du, ... (Name einsetzen), besonders gut ...

____

Mögliche Reaktionen der Wertgeschätzten (nach dem Spiel aufschreiben)

Körperhaltung: ____

____

____

Mimik: ____

____

____

Gestik: ____

____

____

Sprachliche Kommentare: ____

____

____

1. Ergänze oben zunächst noch eine wertschätzende Formulierung.
2. Spielt nun das Spiel. Beobachtet während des Spiels die Reaktionen der wertgeschätzten Schüler-/innen. Notiert dazu Stichworte. Besprecht die Reaktionen anschließend in der Klasse.
3. *Wir philosophieren:* Wertet eure Spielerfahrungen aus: Stimmt ihr zu, dass eine Wertschätzung Menschen aufbauen kann? Begründet euren Standpunkt.

„Abgewertet“

© Shutterstock.com/Pandagolik1

Die neue Bluse

Clara hat ihr Taschengeld gespart und sich eine knallgelbe neue Bluse gekauft. Als sie damit stolz zum Klassenfest kommt, tuscheln einige Mädchen ziemlich auffällig in einer Ecke. Sie zeigen immer wieder auf Clara, lachen und schneiden Grimassen. Plötzlich sagt eins der Mädchen laut, sodass es alle in der Klasse hören können: „Die Bluse sieht richtig doof aus!“

Schon gewusst? Geringschätzen

Geringschätzen ist das Gegenteil von wertschätzen. Dadurch soll jemand „fertiggemacht“ werden, indem ihr oder ihm das Gefühl vermittelt wird, weniger wert zu sein als andere und nicht dazuzugehören.

Alina hat gehört, was das Mädchen über Claras Bluse gesagt hat. Sie ...

1. Überlegt, was Alina machen könnte, um Clara beizustehen. Vergleicht anschließend eure Ideen in der Klasse.
2. Sprecht darüber, warum manche Jugendliche dazu tendieren, andere abzuwerten.
3. *Wir philosophieren:* Diskutiert darüber, welchen Einfluss geringschätzendes Verhalten auf das Klassenklima hat.

Lügen verboten?

____

Jonas und Martin sind auf dem Nachhauseweg, als ihnen plötzlich Martins Mutter entgegenkommt. „Na, wie war es heute in der Schule?", fragt sie ganz aufgeregt. „Habt ihr die Deutscharbeit zurückbekommen?" Jonas sieht, wie Martin auf einmal ganz blass wird. Er hat schon wieder eine Fünf geschrieben, und Martin weiß, dass es zu Hause ungemütlich für seinen Freund wird. Sie wollten sich gerade überlegen, wie Martin seinen Eltern die schlechte Deutschnote schonend beibringen könnte, als seine Mutter auftauchte und ihnen einen Strich durch die Rechnung machte. Ich muss ihn da irgendwie rausholen, überlegt Jonas. In seinem Kopf geht es drunter und drüber. „Die Arbeit kriegen wir erst morgen", antwortet Jonas für seinen Freund. Er sieht Martins Erleichterung, und auch dessen Mutter scheint überaus zufrieden zu sein.

Schon gewusst? Lügen für einen guten Zweck

Johannes Chrysostomus (344–407) war Erzbischof von Konstantinopel. Er vertrat in einer seiner Predigten die Ansicht, dass Lügen nicht generell schlecht sei. Es käme immer auf die jeweilige Absicht der Lügenden an: Wenn die Lüge einem guten Zweck diene und beispielsweise Menschen helfe, die sich in einer misslichen Lage befinden, dann sei sie gerechtfertigt. Wenn sie aber dazu beitrage, Menschen zu betrügen, sollte sie verurteilt werden.

Jonas hat richtig/falsch gehandelt, weil ...

____

____

____

____

____

____

____

____

____

1. Gebt der Geschichte eine Überschrift. Tauscht euch darüber zu zweit aus.
2. Begründet, ob Jonas richtig oder falsch gehandelt hat. Orientiert euch dabei auch an Johannes Chrysostomus. Diskutiert über eure Meinungen in der Klasse.
3. *Wir philosophieren:* Die ungarische Philosophin Agnes Heller (1929–2019) nennt Lügen unanständig, weil sie das Vertrauen zwischen den Menschen zerstören. Positioniert euch dazu.

Spielvorschlag: Wertschätzen oder geringschätzen – ein Kärtchen-Spiel

fleißig	neidisch	ehrlich
vorsichtig	verständnisvoll	selbstbewusst
wichtigtuerisch	nervig	unzuverlässig
jähzornig	schweigsam	geduldig

__________ __________ __________ __________

__________ __________ __________ __________

1. Spielregel

____

____

____

____

____

2. Spielregel

____

____

____

____

____

1. Kreise oben die Adjektive blau ein, die eine Geringschätzung zum Ausdruck bringen.
2. Suche acht weitere Adjektive, die eine Gering- oder Wertschätzung beinhalten, und schreibe sie auf.
3. Bildet kleine Gruppen: Schreibt alle Adjektive auf kleine Kärtchen und gestaltet damit ein Spiel. Überlegt euch vorher in Einzelarbeit zwei Spielregeln, diskutiert sie in der Gruppe und spielt dann das Spiel nach diesen Regeln.
4. *Wir philosophieren:* Wertet das Spiel gemeinsam aus: Hattet ihr eher Schwierigkeiten beim Wertschätzen oder beim Geringschätzen? Begründet euren Standpunkt.

Natur spüren

HINWEISE FÜR LEHRKRÄFTE

Im Mittelpunkt des Kapitels stehen eigene Erfahrungen der Schülerinnen und Schüler im Umgang mit der Natur und das begriffliche Arbeiten zum Konzept der Nachhaltigkeit. Insbesondere die 17 Nachhaltigkeitsziele der UN sollten inhaltlich recherchiert und im Unterricht diskutiert werden. Hierzu könnten in kleinen Gruppen Projekte durchgeführt werden. Dadurch entwickelt sich auch die soziale Kompetenz der Schülerinnen und Schüler.

Die **KV 49** beginnt mit dem eigenen Erleben im Wald. Die Jugendlichen sollen sich dort einen besonderen Platz oder einen Baum aussuchen und davon ein Foto machen. Künstlerisch interessierte Schülerinnen und Schüler können auch zeichnen. Anschließend schreiben sie auf, wie sie den Wald erlebt haben, zum Beispiel als Ort der Stille oder auch der Naturzerstörung. Anhand der Fotos und Geschichten tauschen sich die Jugendlichen in der Klasse über ihre Walderfahrungen aus und philosophieren darüber, ob der Wald für sie ein Ort der Stille gewesen ist.

Folgende Fragen können dazu gestellt werden:
Bedeuten Ruhe und Stille dasselbe? Begründet eure Meinung.
Ist Stille der gegensätzliche Begriff zu Lärm? Begründet eure Meinung.
Habt ihr die Stille im Wald als unheimlich erlebt? Warum? Warum nicht?
Sind die Stille und die Schönheit des Waldes miteinander verbunden? Begründet eure Meinung.
Ist Stille in der Natur das Gleiche wie Stille in der Stadt oder in unserer Klasse? Begründet eure Meinung.

Die **KV 50** stellt als Arbeitsblatt zum Weiterdenken den Begriff „Landschaft" als einen geografischen Ort vor. Der Text von Wilhelm Schmid unterscheidet natürliche und künstliche Landschaften; die Schülerinnen und Schüler sollen diese Differenz mündlich nachvollziehen. Sie schreiben auf, was sie persönlich mit dem Begriff „Landschaft" verbinden. Wenn dies einigen Jugendlichen schwerfallen sollte, kann die Lehrkraft darauf hinweisen, dass sie sich auf eine der Wortbedeutungen des Textes stützen können (ein Stück Land, ein Ort, eine Umgebung etc.). Die Aufgabe zum Philosophieren verbindet Landschaft und Heimat. Die Schülerinnen und Schüler sollen herausfinden, warum. Als Hilfestellung kann die Lehrkraft danach fragen, ob Heimat ein vertrauter Ort ist oder ein Ort, an dem jemand geboren und aufgewachsen ist.

Die **KV 51** bildet eine Einheit mit der **KV 50**. Sie stellt heraus, dass Landschaft auch vom Menschen gestaltet werden kann. Die Schülerinnen und Schüler lernen zunächst den antiken Garten des griechischen Philosophen Epikur kennen, bevor sie anschließend selbst Ideen für einen Schulgarten zusammentragen. Hier ergibt sich ein Zusammenhang mit der **KV 18** für die Klassen 5/6. Epikur sollte zuvor in einem Kurzreferat vorgestellt werden. Interessant für die Zukunft ist die Idee eines Online-Gartens: die User-/innen pflanzen online, verfolgen online, wie alles wächst, und bekommen dann die Ernte zugeschickt. Hierzu könnte vor der Diskussion unter „My Acker" recherchiert werden.

Die **KV 52** beschäftigt sich als Arbeitsblatt zum Weiterdenken mit der Welt der Pflanzen. Der italienisch-französische Philosoph Emanuele Coccia (geb. 1976) erklärt, warum Pflanzen die materielle Basis der Welt bilden. Da der Text nicht ganz einfach zu verstehen ist, sollen die Schülerinnen und Schüler mit eigenen Worten den für sie wichtigsten Gedanken formulieren. Auch über Emanuele Coccia könnte ein Kurzreferat gehalten werden, da er der erste Philosoph ist, der sich ausführlich mit der Philosophie der Pflanzen befasst hat.

Die **KV 53** problematisiert den Unterschied zwischen Haus- und Nutztieren. Die Schülerinnen und Schüler sollen sich eine Antwort für Hannahs Schwester ausdenken, die den Unterschied zwischen Haus- und Nutztieren kritisiert hat, während Hannah ihn verteidigt. Die Antwort beinhaltet eine Positionierung für oder gegen diese Differenzierung. Einige Antworten werden vorgelesen und bilden die Grundlage für ein gemeinsames Unterrichtsgespräch. Die Jugendlichen lernen auf dem Arbeitsblatt auch den griechischen Philosophen Plutarch kennen, der als erster Vertreter der Tierethik in Europa gilt und das Verspeisen von Tieren kritisiert hat. Originaltexte finden sich in der Reclam-Ausgabe von Plutarch: Darf man Tiere essen? Gedanken aus der Antike. Stuttgart 2015. Hierzu kann in Zusammenarbeit mit dem Ethik- und Philosophieunterricht ein Kurzreferat erarbeitet werden.

Die **KV 54** stellt den Begriff „Nachhaltigkeit" vor. Die Schülerinnen und Schüler schreiben zunächst auf der Rückseite des Blattes in eine Sprechblase, was das Mädchen antworten könnte, zum Beispiel: „Ich pflanze den Baum nicht nur für mich, sondern auch für andere." Anschließend lesen sie die kurze Definition von Nachhaltigkeit und überlegen sich schriftlich, was zu den natürlichen Ressourcen der Erde gehört: Zu dem vorgegebenen Begriff „Pflanzen" können beispielsweise Tiere, Meere, Ozeane, Flüsse Seen, Mineralien etc. ergänzt werden. Die Aufgabe zum Philosophieren problematisiert die Gründe für Nachhaltigkeit: die Sorge, dass die natürlichen Ressourcen schnell verbraucht werden können und für künftige Generationen nicht mehr zur Verfügung stehen.

Die **KV 55** bildet die Fortsetzung zur **KV 54:** Die Schülerinnen und Schüler lernen die 17 Ziele für nachhaltige Entwicklung der UN kennen. Sie sollen nach dem Wunsch der Vereinten Nationen sowohl im Schulleben als auch in einzelnen Fächern umgesetzt werden. Die Jugendlichen sollen zunächst über diese Ziele im Internet recherchieren und auf der Grundlage des Textes von Alexander Hagelüken den Zusammenhang zwischen Wohlstand und Industrialisierung erkennen. Anschließend denken sie darüber nach, wie ihre Schule nachhaltiger werden könnte, d. h., sie sollen einige der Ziele auswählen, von denen sie meinen, dass sie im Besonderen in ihrer Schule eine Rolle spielen könnten. Philosophiert werden sollte anschließend über den Zusammenhang von ökologischen und sozialen Merkmalen der Nachhaltigkeit. So kann zum Beispiel jemand, der arm ist, nicht dazu angehalten werden, die natürlichen Ressourcen der nachfolgenden Generation zu überlassen, weil er oder sie zunächst das eigene Überleben sichern muss.

Zum Abschluss beschäftigen sich die Schülerinnen und Schüler auf der **KV 56** mit der ersten ökologischen Utopie in Europa, der gleißenden Welt der englischen Philosophin Margaret Cavendish. Sie sollen eine gleißende Welt mit Pflanzen- und Tiermenschen graphisch gestalten und ökologische Fantasie entwickeln. Abschließend soll darüber philosophiert werden, warum es sinnvoll ist, sich eine Welt von morgen vorzustellen. Zu Margaret Cavendish gibt es schülergerechte Informationen in dem Buch „Ich will verstehen. Geschichte der Philosophinnen" von Ingeborg Gleichauf, erschienen bei dtv, München 2005, S. 66–73. (Diese KV steht in einem engen Zusammenhang mit der **KV 61**, auf der es um den Menschen von morgen geht.)

Im Wald

Wie habe ich den Wald erlebt?

1. Macht einen Spaziergang durch den Wald. Sucht euch dort eine Pflanze oder einen besonderen Ort aus. Macht davon ein Foto oder zeichnet das, was euch besonders aufgefallen ist, in den Rahmen oben.
2. Schreibe auf, wie du den Wald erlebt hast. Beschreibe zum Beispiel eine besondere Stimmung oder einen Lebensraum. Lest euch eure Erlebnisse zu zweit vor.
3. Legt eure Fotos oder Zeichnungen in einen Kreis und berichtet von euren Erlebnissen im Wald.
4. *Wir philosophieren:* Sprecht darüber, ob der Wald für euch ein Ort der Stille gewesen ist.

Weiterdenken: Landschaften

© Shutterstock.com/first vector trend

Schon gewusst? Was ist eine Landschaft?

Ursprünglich waren mit Landschaft (im Deutschen) die Bewohner eines Landes gemeint, bevor ein geografischer Begriff daraus wurde, der ein Stück Land, eine Gegend und Umgebung bezeichnet. Eine Landschaft kann die Gewissheit bieten, die sich viele von einer Heimat erhoffen, um mit Blick darauf ihr Leben einrichten zu können, und sei es nur für einen Moment, zunächst in Bezug auf natürliche Landschaften: Ein Gewässer bleibt noch für lange Zeit Bach, Fluss, See und Meer. (...) Ein Wald mag von Menschenhand gepflanzt worden sein, markiert jedoch über Generationen hinweg den Horizont. Auch kulturelle Landschaften blieben längere Zeit erhalten. Eine Stadtlandschaft wird für Jahrzehnte und Jahrhunderte zum vertrauten Bild. Häuser, die gebaut werden, stehen nicht morgen schon an einem anderen Ort.

Wilhelm Schmid, Philosoph

Wilhelm Schmid: Heimat finden. Leben n einer ungewissen Welt. Frankfurt am Main. Suhrkamp 2022, S. 24.

Ich verbinde mit dem Begriff Landschaft ...

____

____

____

____

____

____

1. Schreibe auf, was du mit dem Begriff „Landschaft“ verbindest, zum Beispiel einen besonderen Ort, ein Dorf, eine Stadt. Sammelt eure Ideen auf einer Papierrolle und hängt sie in eurem Klassenzimmer auf.
2. Unterscheidet mündlich natürliche und kulturelle Landschaft.
3. *Wir philosophieren:* Wilhelm Schmid verbindet Landschaft mit dem Begriff „Heimat“. Erklärt, warum.

Natur gestalten

Schon gewusst? Der Garten des Epikur

Epikur (341–270 v. Chr.) war nicht nur ein berühmter griechischer Philosoph, sondern auch der Erste, der mit seiner philosophischen Gemeinschaft, in der auch Frauen philosophieren durften, einen Garten angelegt hat. Der Garten diente der Gemeinschaft dazu, sich selbst zu versorgen. Von Epikur stammt auch der Gedanke, dass der Mensch die Natur bewahren und gestalten soll.

1. Zeichne einen Brunnen in die Mitte des Rahmens. Stell dir vor, du solltest einen Schulgarten zur Selbstversorgung für eure Kantine entwerfen, was würdest du anbauen? Gestalte den Garten nach deinen Vorstellungen.
2. Legt eure Zeichnungen in einen Kreis. Sprecht über eure Ideen zur Gartengestaltung.
3. Aus Österreich kommt mit „My Acker“ die Idee, dass sich Menschen auch einen Online-Garten anlegen können. Sie wählen per Internet aus, was gepflanzt wird, und verfolgen mit der Kamera, wie es wächst. Die fertigen Produkte werden ihnen jährlich zugeschickt. Ist dies eine Idee für die Zukunft, insbesondere für Stadtmenschen? Begründet euren Standpunkt mündlich.
4. *Wir philosophieren:* Erklärt Epikurs Gedanken, dass die Menschen die Natur bewahren, aber auch gestalten sollen.

Weiterdenken: Die Welt der Pflanzen

© Shutterstock.com/Net Vector

Schon gewusst? Pflanzen „machen“ Welt

Was die Welt ist, müssen wir von den Pflanzen erfragen – denn eben sie „machen“ Welt. Diese Welt ist für die allermeisten Organismen ein Produkt des pflanzlichen Lebens, Produkt der uralten Besiedelung unseres Planeten durch die Pflanzen. Nicht nur besteht der Organismus der Tiere vollständig aus den organischen Substanzen, die von den Pflanzen produziert wurden, sondern „die höheren Pflanzen“ stellen 90 Prozent der eukaryotischen* Biomasse der Erde dar. Sämtliche Gegenstände und Werkzeuge, die uns umgeben, sind pflanzlichen Ursprungs (Nahrungsmittel, Möbel, Kleidung, Treibstoffe, Medikamente), vor allem aber ernährt sich sämtliches höheres Tierleben vom organischen Gasaustausch dieser Wesen (nämlich dem Sauerstoff). Unsere Welt ist ein pflanzliches Faktum, bevor sie zum tierischen Faktum wird.

* Alle Lebewesen, deren Zellen einen Zellkern besitzen

Emanuele Coccia, italienischer Philosoph

Emanuele Coccia: Die Wurzeln der Welt. Eine Philosophie der Pflanzen. München: dtv 2020, S. 21.

Die Welt der Pflanzen bedeutet für mich ...

____

____

____

____

____

____

1. Erklärt mündlich mit eigenen Worten, warum Pflanzen „die Welt machen“.
2. Schreibe den Hauptgedanken aus dem Text von Emanuele Coccia auf.
3. *Wir philosophieren:* Erklärt mündlich den Gedanken, warum die Welt zunächst ein pflanzliches Faktum ist, bevor sie ein tierisches wird.

Zweierlei Tiere

© stock.adobe.comЕвгений Архипов

© Shutterstock.com/Miguel Perfectti

Hannah hat zum Geburtstag ein Meerschweinchen bekommen, das ihr „Ein und Alles“ ist. Sie streichelt es, sooft sie kann, ihre Schwester ist allerdings skeptisch: „Pepi streichelst du, aber du hast kein Problem damit, Fleisch von Tieren zu essen.“ Hannah überlegt einen Augenblick, dann antwortet sie ihrer Schwester: „Pepi ist ein Haustier, während Schweine, Hühner und Rinder Nutztiere sind, die Menschen schon seit Jahrtausenden essen. Und Tiere fressen sich übrigens auch untereinander.“

Schon gewusst? Tiere essen?

Der griechische Philosoph Plutarch (um 45–125) hat als einer der Ersten kritisiert, dass Menschen Tiere essen, denn Tiere hätten eine Seele und Gefühle, sodass sie von den Menschen nicht gegessen werden sollten. Die Menschen könnten „als Ersatz“ vielfältige pflanzliche Produkte nutzen.

Wenn ich Hannah Schwester wäre, würde ich antworten ...

1. Schreibt auf, was ihr anstelle von Hannahs Schwester antworten würdet. Spielt mit euren Antworten in kleinen Gruppen Szenen.
2. Informiert euch über Plutarch. Wie beurteilt ihr seinen Gedanken, dass Menschen keine Tiere essen sollten? Begründet euren Standpunkt.
3. *Wir philosophieren:* Sagt mit eigenen Worten, was eine Seele ist.

Nachhaltig leben

© Illustration: Dorina Tessmann

Schon gewusst? Was heißt nachhaltig?

Nachhaltig zu leben bedeutet, die natürlichen Ressourcen der Erde zu schonen, damit auch die künftigen Generationen davon profitieren können.

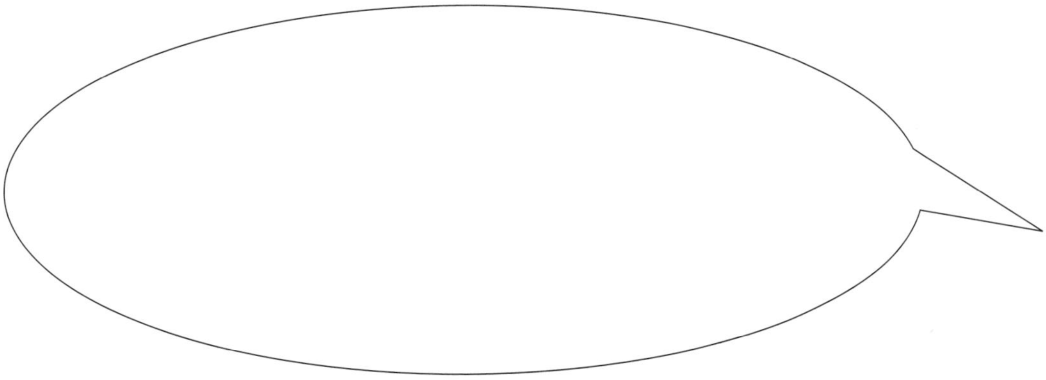

Natürliche Ressourcen sind ... ______________________________

____

____

____

____

1. Schreibe in die Sprechblase: Was könnte das Mädchen dem Jungen antworten? Vergleicht eure Ideen zu zweit.
2. Schreibe auf, was zu den natürlichen Ressourcen gehört, z. B. Pflanzen ...
3. *Wir philosophieren:* Erklärt, warum die natürlichen Ressourcen auch künftigen Generationen zur Verfügung stehen sollten.

Die 17 Nachhaltigkeitsziele der UN

Klimawandel und Armut

Die Vereinten Nationen haben mehrere Ziele für eine nachhaltige Entwicklung ausgerufen. Kein Mensch soll mehr hungern oder in absoluter Armut leben. In Ländern wie Deutschland ist für die Grundbedürfnisse fast aller Menschen gesorgt. Sie haben genug zu essen, Wasser, ein beheiztes Zuhause, ausreichende medizinische Versorgung. Und sie können sich vieles kaufen. Anderswo auf dem Erdball sind viele Bürger richtig arm. Besonders in Afrika, Südamerika und Asien. Absolute Armut messen die Vereinten Nationen am Einkommen – weniger als 1,90 Dollar am Tag. Absolute Armut liegt auch vor, wenn ein Grundbedürfnis nicht gedeckt ist; Essen, ein Zuhause, ärztliche Versorgung, sauberes Wasser, Kanalisation und Bildung.
Warum leben so viele Menschen in Armut, wenn der Kapitalismus für viele andere Wohlstand schafft? Das ist eine berechtigte Frage.
Der Wohlstand der Industriestaaten kommt vor allem durch ihre Industrialisierung. Als in Deutschland oder Italien überwiegend Bauern lebten, waren diese Länder viel ärmer als heute. Die armen Länder in Afrika, Südamerika und Asien sind landwirtschaftlich dominiert. Eine Industrialisierung verspricht ihnen mehr Wohlstand. Ebenso ein Rückgang der Geburtenrate, wie er in Deutschland mit der Industrialisierung kam. Wenn die Bevölkerung schneller zunimmt als die Wirtschaftsleistung eines Landes, nimmt das Einkommen pro Kopf ab.

Alexander Hagelüken, Wirtschaftswissenschaftler und Journalist

Alexander Hagelüken: Wirtschaft für Kids. Eine etwas andere Einführung in die Ökonomie. München: C. H. Beck, 2022, 2. Auflage, S. 136.

So hängen Industrialisierung und Wohlstand zusammen:

____

____

____

Die 17 Nachhaltigkeitsziele der UN

Schon gewusst? Nachhaltigkeit als Thema in der Schule

Die UN-Vollversammlung erklärte die Jahre 2005–2014 zur weltweiten Dekade der Bildung für nachhaltige Entwicklung und rief dazu 2015 einen Weltaktionsplan ins Leben. Einer seiner Schwerpunkte besteht bis heute darin, nachhaltige Entwicklung „in die Schulen zu bringen".

So kann meine Schule nachhaltiger werden:

Energieversorgung

____

____

____

Schulkantine und Ernährung

____

____

____

Gestaltung des Schulhofes

____

____

____

1. Recherchiert im Internet die 17 Nachhaltigkeitsziele der UN und gestaltet eine digitale Präsentation dazu.
2. Schreibe mit eigenen Worten auf, wie Industrialisierung und Wohlstand zusammenhängen. Stütze dich dabei auf den Text von Alexander Hagelüken. Vergleicht anschließend eure Ideen in der Klasse.
3. Unterbreite schriftlich Vorschläge, wie ihr in eurer Schule nachhaltiger werden könnt. Berücksichtige dabei einige Ziele der UN. Debattiert anschließend in der Klasse darüber.
4. Unterbreite schriftlich zu den drei Bereichen oben Vorschläge.
5. *Wir philosophieren:* Sprecht darüber, warum diese Ziele nicht nur ökologisch ausgerichtet sind, sondern auch soziale Ziele wie Gerechtigkeit oder den Kampf gegen die Armut einschließen.

Die gleißende Welt

Die englische Philosophin Margaret Cavendish (1623–1673) hat eine Utopie mit dem Titel „Die gleißende* Welt“ entworfen, in der eine Kaiserin ihren Staat ökologisch mit Hilfe kompetenter Tiermenschen-Experten führt. In ihrem Staat gibt es beispielsweise Bärenmenschen, Experimental-Philosophen, Fuchsmenschen-Politiker und -Politikerinnen sowie Papageien-Menschen. Die gewöhnlichen Menschen sind knallbunt, grasgrün, himmelblau oder purpurn.

* glitzernd, sehr hell

1. Gestalte eine gleißende Welt mit Pflanzen- und Tiermenschen. Legt eure Zeichnungen in einen Kreis und sprecht darüber, wie ihr euch eine ökologisch ausgerichtete Welt von morgen vorstellt.
2. Informiert euch über Margaret Cavendish und ihre Utopie. Haltet ein Kurzreferat dazu.
3. *Wir philosophieren:* Ist es für uns heute wichtig, dass sich Menschen die Welt von morgen vorstellen? Begründet euren Standpunkt.

Kulturen begegnen

HINWEISE FÜR LEHRKRÄFTE

Im Fokus des letzten Kapitels stehen Texte über Kultur und den Menschen als ein Wesen, das die Welt gestaltet und verändert, d. h. Kultur schafft. Die zitierten Autor-/innen sind international: der israelische Historiker Yuval Noah Harari, die deutschen Philosoph-/innen Hannah Arendt und Immanuel Kant, die mexikanische Philosophin Juana Inés de la Cruz und der tunesische Kulturwissenschaftler Ibn Khaldoun. Die Schülerinnen und Schüler sollen die Kompetenz entwickeln, wesentliche Gedanken aus den Texten zu verstehen und sie zur Grundlage von Unterrichtsgesprächen zu machen, sowie eigene kreative Ideen über die Kultur der Zukunft entwickeln.

Die **KV 57** stellt drei kulturelle Rätsel vor: den Bonsai-Baum aus Japan, Kakao aus Mittelamerika (Amazonasgebiet) und das Handy aus den USA (New York). Die Schülerinnen und Schüler sollen je einen Gedanken dazu aufschreiben und selbst ein viertes kulturelles Rätsel entwerfen. Als Aufgabe zum Philosophieren dient der Begriff der Alltagskultur, zu der auch Bonsai, Kakao und Handy gehören. Damit sind Dinge gemeint, die wir im Alltag ständig benutzen und die unser Leben angenehm gestalten.

Die **KV 58** präsentiert einen komplexen Text zum Weiterdenken des israelischen Historikers Yuval Noah Harari, dessen Hauptgedanke sich darauf richtet, dass Kultur, die den Menschen von anderen Lebewesen unterscheidet, nur durch Kooperation in verschiedenen Gemeinschaften entstehen kann. Harari schließt sogar eine kulturelle Weltgemeinschaft nicht aus. Die Schülerinnen und Schüler werden angeregt, sich eine derartige Gemeinschaft vorzustellen. Sie notieren zunächst Stichworte als Grundlage für die Diskussion. Yuval Noah Harari, der auch in Deutschland viele Bücher veröffentlicht hat, könnte in einem Kurzreferat vorgestellt werden. Weitere Texte (für die Klassen 9/10) finden Sie in seinem Buch „21 Lektionen für das 21. Jahrhundert", München: C.H. Beck, 2020, 4. Auflage.

Die **KV 59** stützt sich auf den Gedanken der deutschen Philosophin Hannah Arendt, dass der Mensch ein arbeitendes und herstellendes Wesen ist und der Welt seinen kulturellen Stempel aufdrückt. Die Schülerinnen und Schüler finden heraus, welche Bauwerke abgebildet sind: die Pyramide von Gizeh (Ägypten), das Taj Mahal (Indien) und die Akropolis (Athen/Griechenland). Sie schreiben auf, welche kulturelle Errungenschaft der Menschheit für sie am wichtigsten ist. Abschließend interpretieren sie den Gedanken von Hannah Arendt, dass der Mensch die Welt gestaltet – die abgebildeten Bauwerke sollen die Deutung erleichtern: Der Mensch baut Städte und entwickelt Technik, Wissenschaft und Kunst. Hannah Arendt sollte in einem Kurzreferat vorgestellt werden. Dazu gibt es auch das Buch von Alois Prinz „Hannah Arendt oder Die Liebe zur Welt" von 2012, erschienen im Insel Verlag Leipzig.

Die **KV 60** zum Weiterdenken steht in einem engen Zusammenhang mit der **KV 59**. Der Philosoph Immanuel Kant gibt eine Begründung für die These von Hannah Arendt, dass der Mensch ein kulturelles Wesen ist: Der Mensch hat eine technische, soziale (pragmatische) und moralische Anlage, die ihn vom Tier unterscheidet. Die Schülerinnen und Schüler sollen für jede dieser Anlagen je ein Beispiel geben. Zuvor formulieren sie auf der Rückseite des Blattes eine Antwort, die der Hund geben könnte. Die Jugendlichen müssen entscheiden, ob der Hund wirklich nur zuschaut, wenn der Mensch die Welt schöner macht. Er könnte zum Beispiel antworten, dass er in Gegensatz zum Menschen andere Dinge gut kann, wie zum Beispiel riechen. Für ein Porträt über Immanuel Kant eignet sich das Buch von Arnulf Zitelmann „Nur, dass ich ein Mensch sei – die Lebensgeschichte von Immanuel Kant", erschienen im Beltz Verlag 2009.

Die **KV 61** stellt die mexikanische Philosophin Juana Inés de la Cruz vor. Sie ging davon aus, dass es eine wichtige Fähigkeit des Menschen ist, vorwärts zu träumen, d. h. sich eine Welt und den Menschen von morgen vorzustellen. Die Schülerinnen und Schüler werden in Anlehnung an die **KV 56** angeregt, sich die Lebensweise des Menschen von morgen vorzustellen und anhand ihrer Zeichnungen darüber zu sprechen. Sie deuten den Gedanken von de la Cruz, dass der Mensch vorwärts träumen kann. Informationen zu einem Kurzreferat über Juana Inés de la Cruz finden Sie in dem Buch „Ich will verstehen. Geschichte der Philosophinnen" von Ingeborg Gleichauf, erschienen bei dtv, München 2005, S. 76–79.

Die **KV 62** präsentiert eine Begriffsklärung von Kultur. Auf der **KV 17** sollten die Schülerinnen und Schüler den Begriff „Kultur" als Gegenbegriff zur Natur selbst definieren. Der vorgestellte Kulturbegriff stützt sich u. a. auf die Auffassung des tunesischen Kulturphilosophen Ibn Khaldoun, der davon ausgeht, dass jede nationale Kultur durch ein Wir-Gefühl gekennzeichnet ist. Die Schülerinnen und Schüler sollen schriftlich festhalten, ob es dieses Wir-Gefühl auch in der Jugendkultur gibt. Diskutiert wird anschließend darüber, ob Erwachsene aufgrund des fehlenden Wir-Gefühls manchmal kein Verständnis für bestimmte jugendkulturelle Aspekte haben. Über Ibn Khaldoun gibt es kein Jugendbuch; hier müssen sich die Schülerinnen und Schüler auf eine Internetrecherche stützen.

Die **KV 63** beschäftigt sich mit der Frage, ob alle Kulturen gleich viel wert sind oder ob es eine Art von „höher entwickelter" Kultur gibt. Die Schülerinnen und Schüler sollen die negative Antwort von Ken so umformulieren, dass er eine wertschätzende Beurteilung der kenianischen Fischernetze vornimmt. In einem Projektvorschlag recherchieren die Jugendlichen anschließend den Welttag der kulturellen Diversität und erarbeiten eine digitale Präsentation dazu. Als Diskussionsthema dient die Aufgabe zum Philosophieren. Die Schülerinnen und Schüler sollen beurteilen, ob die Achtung fremder Kulturen auch beinhaltet, dass ich alle ihre Aspekte wertschätzen muss. Als Beispiel haben wir die Beschneidung von Frauen und Mädchen gewählt (Entfernung von Teilen der weiblichen Geschlechtsorgane ohne medizinischen Hintergrund), die in einigen Ländern als übernommene Tradition noch praktiziert wird, damit Frauen später keine sexuelle Lust empfinden. Vor der Diskussion sollte die Beschneidung kurz thematisiert werden.

Die **KV 64** präsentiert zum Abschluss ein Spiel, in dem es um interkulturelle Situationen im Alltag geht. Die Schülerinnen und Schüler ergänzen zunächst schriftlich noch eine Situation aus ihrem Erfahrungsbereich und bilden danach kleine Gruppen. Sie gestalten zu einer der beschriebenen Situationen ein Rollenspiel. Die verschiedenen Szenen werden in der Klasse vorgespielt und bewertet. Die Aufgabe zum Philosophieren beschäftigt sich mit Zivilcourage, die bei einigen der Situationen erforderlich ist. Der Begriff sollte in der Diskussion geklärt werden. Weitere Spiele finden Sie in: Barbara Brüning: „Brücken bauen. Lernspiele zur Sozialkompetenz", Cornelsen, Berlin 2024, 2. Auflage.

Kurze Definition von Zivilcourage als Diskussionsgrundlage

Zivilcourage umfasst die Wortstämme zivil = bürgerlich und Courage frz. = Mut. Der Begriff bedeutet, dass Menschen zur Lösung bestimmter bedrohlicher Situationen Mut aufwenden müssen, um andere Menschen vor undemokratischem Verhalten wie Rassismus, Gewalt, Diskriminierung und Verletzung der Menschenwürde zu schützen.

Kulturelle Rätsel

1. Meine Farbe ist grün.

Ich lebe draußen oder drinnen. Ich bin klein und werde immer gut verschnitten (meistens rund), sodass sich die Menschen vor allem an meiner äußeren Form erfreuen. Meine Farbe ist grün.

Ich komme aus ______________________ und heiße ______________________

____

____

2. Meine Farbe ist braun.

Eigentlich schmecke ich bitter, aber ich werde so verarbeitet, dass mich auch Jugendliche gern mögen: als Getränk oder als Luxus-Nahrungsmittel. Meine Farbe ist braun.

Ich komme aus ______________________ und heiße ______________________

____

____

3. Ich habe verschiedene Farben.

Jugendliche haben mich besonders gern, denn ich bin ihr ständiger Begleiter. Sie können mich immer benutzen. Eine besondere Farbe habe ich nicht.

Ich komme aus ______________________ und heiße ______________________

____

____

4. ______________________________

Ich komme aus ______________________ und heiße ______________________

____

____

1. Löse die Rätsel 1–3 und schreibe noch einen besonderen Gedanken dazu. Vergleicht eure Ergebnisse zu zweit.
2. Schreibe selbst ein Rätsel (Punkt 4). Erratet eure Rätsel im Kurs.
3. *Wir philosophieren:* Die Rätsel stehen für die Alltagskultur. Erklärt diesen Begriff.

Weiterdenken: Kultur als Grundlage der Zusammenarbeit

Vor 5000 Jahren gab es keine Italiener, Russen oder Türken. Selbstverständlich sind Menschen durch und durch soziale Lebewesen, denen die Gruppenloyalität in den Genen liegt. Doch über Jahrmillionen lebten die Menschen in kleinen, intimen Gruppen und nicht in großen Nationalstaaten.
Homo sapiens lernte schließlich, die Kultur als Grundlage für Zusammenarbeit im großen Maßstab zu nutzen. Das ist der Schlüssel für unseren Erfolg als Spezies. Doch Kulturen sind flexibel. Deshalb kann sich Sapiens anders als Ameisen oder Schimpansen auf vielerlei Art organisieren, je nach den sich verändernden Umständen. Nationalstaaten sind nur eine Option im Menü des Sapiens. Zu den anderen Optionen gehören Stammesgemeinschaften, Stadtstaaten, Imperien, Kirchen und Unternehmen. Künftig könnte sich sogar eine Art Weltgemeinschaft als praktikabel erweisen, vorausgesetzt, sie verfügt über ausreichend starke kulturelle Grundlagen. Wir kennen keine Obergrenze für die Größe einer Gruppe, mit der sich Menschen identifizieren können. Die meisten heutigen Nationen umfassen mehr Menschen als die gesamte Weltbevölkerung vor 10 000 Jahren.

Yuval Noah Harari, israelischer Historiker

Yuval Noah Harari: 21 Lektionen für das 21. Jahrhundert. München: C.H. Beck, 2020, 4. Auflage, S. 182/183.

© Shutterstock.com/Tuhin_prodesign

1. Wie stellst du dir eine kulturelle Weltgemeinschaft vor? Schreibe neben die Weltkugel Stichworte dazu. Überlege zum Beispiel, wie sie organisiert wird und welche Rolle Wissenschaft und Ökologie spielen sollten. Vergleicht eure Ideen im Kurs.
2. Erklärt mündlich mit eigenen Worten, wodurch sich der Sapiens nach Ansicht von Harari von anderen Lebewesen unterscheidet. Ihr könnt selbst noch weitere Beispiele anführen.
3. *Wir philosophieren:* Interpretiert den Gedanken des Textes, dass eine Weltgemeinschaft starke kulturelle Grundlagen braucht.

Die größten kulturellen Errungenschaften der Menschheit

© Shutterstock.com/AlexAnton

© Shutterstock.com/turtix

© Shutterstock.com/Preto Perola

Schon gewusst? Die Welt gestalten

Menschen haben über Jahrtausende hinweg Bauwerke erschaffen, Kunst entwickelt und wissenschaftliche Erkenntnisse gesammelt, sogar außerhalb der Erde auf anderen Planeten. Die deutsche Philosophin Hannah Arendt (1906–1975) bezeichnete den Menschen deshalb als ein arbeitendes, herstellendes und handelndes Wesen, das die Welt gestaltet.

Für mich ist die größte kulturelle Errungenschaft des Menschen ...

____

____

____

____

____

____

1. Findet heraus, welche kulturellen Errungenschaften der Menschheit auf den Fotos abgebildet sind.
2. Schreibe auf, welche kulturelle Errungenschaft der Menschheit für dich die größte ist. Begründe deinen Standpunkt. Stellt eure Ideen in der Klasse zur Diskussion.
3. *Wir philosophieren:* Interpretiert den Gedanken von Hannah Arendt, dass der Mensch die Welt gestaltet.

Weiterdenken: Warum der Mensch ein kulturelles Wesen ist

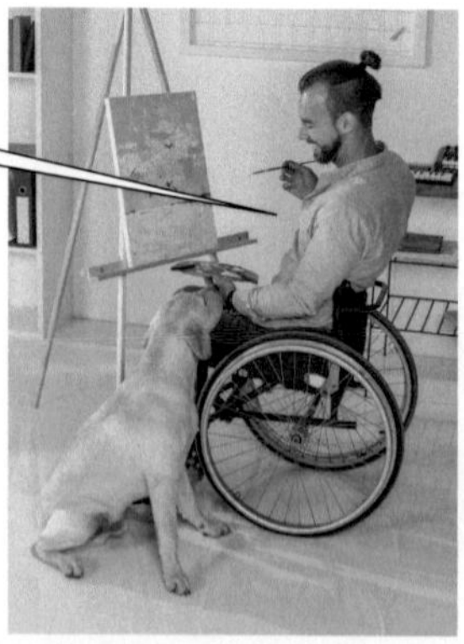

© stock.adobe.comLIGHTFIELD STUDIOS

Schon gewusst? Der Mensch hat drei Anlagen

Unter den lebenden *Erdbewohnern* hat der Mensch folgende Anlagen: eine *technische* (mit Bewusstsein verbundene-mechanische) Anlage zur Handhabung von Sachen; eine *pragmatische* Anlage (andere Menschen zu seinen Absichten geschickt zu gebrauchen) und eine *moralische* Anlage (er kann nach dem Freiheitsprinzip unter Gesetzen gegen sich und andere handeln). Durch diese Anlagen unterscheidet sich der Mensch wesentlich von allen übrigen Naturwesen. Und bereits eine dieser drei Anlagen kann ihn schon von anderen Erdbewohnern charakteristisch unterscheiden.

Immanuel Kant, deutscher Philosoph

Immanuel Kant: Anthropologie in pragmatischer Hinsicht. In: Ders., Schriften zur Anthropologie, Geschichtsphilosophie, Politik und Pädagogik. Frankfurt: Suhrkamp Verlag 2015, 16. Auflage, S. 674.

Der Mensch handhabt Sachen ...

____

____

Der Mensch handelt mit Absicht in der Gemeinschaft mit anderen Menschen ...

____

____

Der Mensch handelt moralisch ...

____

____

1. Schreibe auf der Rückseite des Blattes auf, was der Hund antworten könnte.
2. Gib zu den drei Anlagen des Menschen schriftlich je ein Beispiel. Diskutiert darüber in kleinen Gruppen.
3. *Wir philosophieren:* Stimmt ihr Immanuel Kant zu, dass diese drei Anlagen den Menschen zu einem kulturellen Wesen machen? Begründet euren Standpunkt.

Vorwärts träumen

Schon gewusst? Menschheitsträume

Die mexikanische Philosophin Juana Inés de la Cruz (1651–1695) meinte, dass die Fähigkeit zu träumen den Menschen zu einem schöpferischen Wesen mache. Im Traume zeige sich die „ungeheure Vorstellungskraft" des Menschen, der sich selbst und auch die Gesellschaft vorwärts träumen könne.

Der Mensch von morgen

1. Gestalte den Menschen von morgen: Wie sieht er aus? Wie wohnt er? Wie sieht seine Umgebung aus? Wie nutzt er die Technik? Lebt er zusammen mit Robotern?
2. Legt eure Zeichnungen in einen Kreis und erzählt anhand eurer Zeichnungen von euren Vorstellungen von einem künftigen Menschen.
3. Informiert euch über Juana Inés de la Cruz und gestaltet ein Porträt von ihr.
4. *Wir philosophieren:* Deutet den Gedanken, dass der Mensch vorwärts träumen kann.

Kulturelle Identität bewahren

© Shutterstock.com/Master1305

Schon gewusst? Was ist Kultur?

Kultur wird von dem lateinischen Wort *colere* abgeleitet, was auf Deutsch pflegen, bebauen oder kultivieren heißt. Kultur wird in der Philosophie als Gegen-Begriff zur Natur verwendet. Der Mensch drückt durch sein geistiges, moralisches und künstlerisches Schaffen der Natur seinen Stempel auf. Er kultiviert und bebaut sie durch materielle Güter wie z. B. technische Erfindungen und Bauwerke, durch Werte, Normen und Werke der Kunst. Die Gesamtheit dieser Erfindungen und Entdeckungen des Menschen wird als Kultur bezeichnet.
Der tunesische Kulturphilosoph Ibn Khaldun (1332–1406) schrieb in seiner Kulturgeschichte „Muqaddima", dass jede Kultur nationale Besonderheiten einzelner Völker aufweist. Sie unterscheide sich von anderen Kulturen durch Asabija, eine Art Wir-Gefühl, das die Menschen verbindet.

Die Jugendkultur wird geprägt durch ...

____

____

____

____

____

____

____

____

1. Beschreibe das Wir-Gefühl, das in der Jugendkultur zum Ausdruck kommt. Du kannst dich dabei auch auf das Foto oben stützen. Tauscht euch anschließend in kleinen Gruppen dazu aus.
2. Informiert euch über Ibn Khaldun und die Muqaddima. Erarbeitet eine digitale Präsentation.
3. *Wir philosophieren:* Erwachsene verstehen manchmal die kulturellen Vorlieben von Jugendlichen nicht. Ist das nicht vorhandene Wir-Gefühl zwischen Erwachsenen und Jugendlichen eine Erklärung dafür? Begründet euren Standpunkt.

Sind alle Kulturen gleich viel wert?

© Shutterstock.com/Munimara

Cora war mit ihren Eltern im Sommer in Kenia, wo sie auch den Viktoriasee besucht haben. Sie erzählt ihren Freunden nach den Sommerferien, wie kunstvoll die Fischer dort ihre Netze knüpfen. „Das hat man bei uns früher auch gemacht", antwortet ihr Freund Ken. „Aber heute ist hier der Fortschritt eingezogen, das machen jetzt Maschinen."

Schon gewusst? Interkulturalität

Interkulturalität bedeutet Austausch zwischen unterschiedlichen Kulturen. Sie ist der Name für eine positive Einstellung gegenüber anderen Kulturen. Damit ist auch die Haltung verbunden, keine Kultur gegenüber einer anderen zu privilegieren und keine Rangfolge der Kulturen aufzustellen, in dem Sinne, dass die eine Kultur mehr wert ist als die andere.

Ken antwortet seiner Freundin wertschätzend:

1. Formuliere die Antwort von Ken so um, dass er eine wertschätzende Haltung gegenüber der Kultur des Netze-Knüpfens am Viktoriasee zum Ausdruck bringt. Vergleicht eure Antworten in der Klasse.
2. Projektvorschlag: Jedes Jahr am 21. Mai wird der Welttag für kulturelle Diversität gefeiert. Informiert euch über den Ursprung dieses Tages und Projekte dazu in Deutschland.
3. *Wir philosophieren:* Bedeutet die Gleichbehandlung aller Kulturen auch, dass wir jeden Aspekt dieser Kulturen akzeptieren müssen, zum Beispiel auch die Beschneidung von Mädchen und Frauen in Afrika? Begründet euren Standpunkt. Informiert euch zuvor über die Praktiken der Beschneidung.

Spielvorschlag: In eine andere Haut schlüpfen

Das folgende Spiel soll euch dazu anregen, Situationen, in denen unterschiedliche kulturell geprägte Verhaltensweisen aufeinandertreffen, richtig einschätzen zu lernen.

Bildet kleine Gruppen und beschäftigt euch mit einer Situation, in der ein interkultureller Konflikt entstehen könnte, weil unterschiedliche kulturelle Verhaltensweisen oder Gewohnheiten aufeinandertreffen. Die Aufgabe besteht darin, eine Lösung für diesen möglichen Konflikt zu erarbeiten. Diese Lösung soll dann als Rollenspiel in der Klasse vorgestellt werden.

Ihr könnt die folgenden interkulturellen Situationen diskutieren oder auch Situationen auswählen, die ihr selbst erlebt habt:

1. Situation
Ihr sitzt in einem Bus. Dort trefft ihr eine alte Frau, die sich über einen Afrikaner aufregt, der sich sehr laut mit einem Landsmann unterhält. Alle Leute im Bus werden schon unruhig. Was würdet ihr machen?

2. Situation
In eure Klasse kommt ein Mädchen aus einem anderen Land, wie zum Beispiel aus der Ukraine, das von nun an mit euch gemeinsam lernen wird. Sie versteht noch sehr schlecht Deutsch und steht in der Pause immer allein auf dem Schulhof. Wie lässt sich die Situation ändern?

3. Situation
Ihr seid Austauschschüler oder Austauschschülerin in einem anderen Land. Euch wird eine Speise angeboten, die ihr unter keinen Umständen essen möchtet. Wie verhaltet ihr euch?

4. Situation: Mein Vorschlag

___

___

___

___

___

___

___

___

1. Beschreibe unter 4. selbst noch eine Szene, die du erlebt hast.
2. Studiert nun eine der Szenen als Rollenspiel ein und spielt sie in der Klasse vor.
3. Diskutiert anschließend darüber, welche Lösung die interessanteste bzw. praktikabelste gewesen ist und warum.
4. *Wir philosophieren:* Manchmal braucht man zur Lösung eines kulturellen Konflikts auch Zivilcourage. Klärt den Begriff „Zivilcourage". Überlegt anschließend, warum sie manchmal wichtig ist.